«En lugar de preguntar qué pueden dar o cómo pueden servir, muchos de los que asisten a la iglesia se interesan solo en lo que pueden obtener. La iglesia merece mucho más que un compromiso a medias o el apático abandono que suele recibir. En realidad, como observa con astucia Harris, la vida cristiana jamás podrá vivirse a plenitud separada de una genuina pasión por la iglesia. Es hora de que los creyentes tomemos en serio a la iglesia, por lo cual el mensaje de este libro es esencial».

JOHN MACARTHUR

«Los cristianos evangélicos tienen un apropiado y bien enfocado énfasis en la salvación personal. Pero ese énfasis no se ha equilibrado con la naturaleza inherentemente gregaria de la vida cristiana. El lugar de los cristianos está en la iglesia... el único lugar donde podemos crecer y florecer espiritualmente. En su libro Joshua Harris presenta el caso con sabiduría, claridad y gracia».

CHARLES W. COLSON
CONFRATERNIDAD CARCELARIA INTERNACIONAL

«Joshua Harris nos recuerda la gran obra del reino que está faltando en nuestras vidas cuando evitamos el contacto personal que el compromiso con una iglesia "hogar" conlleva. Muchas personas buscan estar cómodas y bien alimentadas en la iglesia, pero la comunidad está allí donde obran los intereses reales de nuestro corazón. A través de la iglesia, escribe Joshua Harris, "el poder del evangelio no solo está cambiando a las personas, sino también creando un nuevo tipo de humanidad"».

SARA GROVES,
CANTAUTORA

«Joshua Harris tiene el don de tratar temas importantes de manera clara, potente y memorable. *Deje de coquetear con la iglesia* es el mismo tipo de libro que los lectores de Josh esperan y aman leer: él tiene razón y lo que dice es real. Muestra la falacia de aquellos que quieren una relación con Jesús, pero no una relación comprometida con su pueblo. Creo que el Señor utilizará este libro para encender en el corazón de muchos un amor por lo que ama Jesús... a su esposa, la iglesia».

DONALD S. WHITNEY
AUTOR DE SPIRITUAL DISCIPLINES FOR THE CHRISTIAN LIFE

«Pastores, ¿están buscando un buen libro para ayudar a los visitantes a entender por qué debieran unirse a una iglesia? ¡Aquí está! Claro, sencillo, bien ilustrado y motivador. Este libro refleja el amor de Jesús por la iglesia y lo explica en términos simples y apasionados. Léanlo y úsenlo».

MARK DEVER, PASTOR DE CAPITOL HILL BAPTIST CHURCH,
DIRECTOR DE 9 MARKS MINISTRIES

«En *Deje de coquetear con la iglesia* Joshua Harris comunica con pasión la urgencia de que el pueblo de Dios se convierta en la contracultura que somos llamados a ser, y nos da las herramientas para comenzar a hacerlo. Aprecio que Josh haya escrito este libro como algo más que solo instrucción. Él escribe como alguien que también lucha junto a nosotros para descubrir su propio lugar en el cuerpo de Cristo».

DEREK WEBB,
CANTAUTOR

Joshua Harris

Autor del libro de mayor venta

LE DIJE ADIÓS A LAS CITAS AMOROSAS

¡DEJE DE COQUETEAR CON LA IGLESIA!

JOSHUA HARRIS

Publicado por
Editorial Unilit
Miami, Fl. 33172
Derechos reservados

© 2006 Editorial Unilit (Spanish translation)
Primera edición 2006

© 2004 por Joshua Harris
Originalmente publicado en inglés con el título:
Stop Dating the Church por Joshua Harris.
Publicado por Multnomah Publishers, Inc.
601 N. Larch Street
Sisters, Oregon 97759 USA

Todos los derechos de publicación con excepción del idioma inglés son con-
tratados exclusivamente por GLINT, P. O. Box 4060, Ontario, California
91761-1003, USA.
(All non-English rights are contracted through: Gospel Literature International,
PO Box 4060, Ontario, CA 91761-1003, USA.)

Traducción: *Grupo Nivel Uno, Inc.*
Diseño de la portada: *David Carlson Design*
Fotografía de la portada: *Conrad Damian Photography*

Las citas bíblicas se tomaron de la Santa Biblia, Versión Reina Valera 1960
© Sociedades Bíblicas Unidas; y *La Santa Biblia, Nueva Versión
Internacional* © 1999 por la Sociedad Bíblica Internacional.
Usadas con permiso.

Producto 495420
ISBN 0-7899-1354-2
Impreso en Colombia
Printed in Colombia

Dedicado a C. J.

CONTENIDO

Capítulo 1

¿PUEDE SALVARSE ESTA RELACIÓN?

*Lo que nos perdemos
cuando coqueteamos con la iglesia*

Jack y Grace se conocieron a través de un amigo en común. Desde el primer día parecían ser el uno para el otro. Grace era todo lo que Jack siempre había querido. Era hermosa, comunicativa y afectuosa... y siempre estaba allí cuando Jack la necesitaba.

Durante los primeros cinco meses fueron inseparables. Jack apenas podía pensar en otra cosa que no fuera Grace. No necesitaba buscar más, les dijo a sus amigos: «Ella es lo que buscaba».

Ahora han pasado casi tres años. Jack sigue disfrutando del consuelo, la comodidad y la familiaridad de estar con Grace, pero la chispa se ha apagado. Los defectos de Grace parecen más obvios. No está seguro de encontrarla tan atractiva como antes. Y comienza a resentirse por todo el tiempo que ella quiere pasar con él.

Una noche, cuando Grace le pregunta si pueden definir la naturaleza de su relación, Jack explota: «Estamos juntos ¿verdad?», responde enojado. «¿Por qué no te basta con eso?».

Es obvio que Jack no está listo para el compromiso. Y no se sabe si alguna vez lo estará...

¿Se ha hallado en una relación como esta? Estoy escribiendo este libro porque creo que Dios tiene algo mejor para usted. Quiere que se halle en una relación definida por la pasión y el compromiso. Pero antes de que pueda entender este maravilloso plan, necesita saber algo sobre esta pareja. Hay millones de Jacks por el mundo de hoy. Y Grace no es una chica. Es la iglesia.

VIAJANDO SOLO

Este es el tercer libro que escribo sobre las relaciones, pero no se parece a los anteriores. Aquí no encontrará nada que le indique cómo relacionarse con el sexo opuesto. Este libro habla de cómo relacionarse con la familia de Dios.

La historia que hay detrás del mismo está muy vinculada a mi propio viaje. Fui criado en un hogar cristiano, pero aunque la iglesia tuvo un papel importante en mi vida de niño y de joven, durante muchos años no ocupó un lugar significativo en mi corazón.

Mi primer hogar siendo niño estaba justo frente a la pequeña iglesia bautista donde mis padres se habían salvado durante el Movimiento Jesús de los años setenta. Mi padre fue pastor hasta que tuve siete años, e incluso fundó una iglesia en Texas. Pero luego de dos crisis que lo desilusionaron, dejó el pastorado y comenzó a dar charlas en todo el país sobre la educación en la casa. A lo largo de los años nuestra familia asistió a un amplio espectro de iglesias: conservadoras, evangélicas, carismáticas. Una iglesia se reunía en una comunidad de hippies con llamas y todo. Otra era una megaiglesia, sensible a los buscadores, con un recinto suburbano que parecía un centro de compras.

Cuando me gradué de mi grupo de jóvenes de secundaria de la iglesia, comencé a visitar los alrededores. Amaba a Dios y tenía grandes sueños sobre cómo quería servirle, pero no veía razón para involucrarme con una iglesia. Entonces creía saber todo lo que había que saber sobre la iglesia, y esto no me impresionaba. La mayoría de las iglesias me parecían anticuadas y fuera de foco. Debía haber formas mejores y más eficientes de lograr grandes cosas para Dios.

Para mí, esto quería decir convertirme en el siguiente Billy Graham. Tenía solamente diecinueve años, y nadie me invitaba a liderar cruzadas mundiales en los medios de difusión. Así que dediqué mis energías a oportunidades más asequibles. Inicié una revista para niños que se educan en la casa. Comencé a dar conferencias para adolescentes. Pronto, había escrito ya mi primer libro, *Le dije adiós a las citas amorosas*.

El mensaje de ese libro era que los solteros debían evitar relaciones sin rumbo, que fueran románticas y físicas pero sin intención de compromiso. La ironía de todo esto fue que aunque había dejado de jugar al noviazgo con las chicas, estaba contento jugándolo con la iglesia. Me gustaba ir los fines de semana y disfrutaba de los beneficios sociales de la iglesia, pero no quería la responsabilidad que viene con el compromiso real. Como Jack en nuestra historia, no me interesaba sentar cabeza. Así que aunque daba la apariencia de compromiso, en general solo coqueteaba con diferentes iglesias y mantenía abiertas todas mis opciones.

Entonces sucedió algo que no esperaba.

Un encuentro apasionado

Un amigo me envió las grabaciones de unos sermones llamados «Pasión por la iglesia», de un pastor de Maryland. No estoy seguro de por qué las escuché. Para alguien como yo, que coqueteaba con toda iglesia, el título era confuso.

¿Pasión por la iglesia? ¡En mi mente las palabras *pasión* e *iglesia* no tenían nada que ver! La serie podría haberse llamado «Pasión por el almacén», en lo que a mí concierne. Pero por alguna razón, mientras conducía por mi ciudad de Gresham, Oregón, puse las cintas en el reproductor del auto y comencé a escucharlas.

El predicador enseñaba basado en el libro de Efesios. Mostraba que la iglesia era en realidad idea de Dios, y no un plan o programa inventado por los seres humanos. Por cierto, la iglesia es la única institución que Dios prometió sostener para siempre.

Es allí donde entraba en juego la pasión. No basta con formar parte de la iglesia universal, decía el predicador. Cada cristiano es llamado al compromiso apasionado con una iglesia local específica. ¿Por qué? Porque la iglesia local es la clave para el crecimiento y la salud espiritual del cristiano. Y como «cuerpo de Cristo» visible en el mundo, la iglesia local es central en el plan de Dios para cada generación.

Tengo que decirle que las verdades bíblicas de esos mensajes me alzaron, me dieron la vuelta, y me dieron una buena sacudida. De mis bolsillos cayó una avalancha de desgastadas actitudes con respecto a la iglesia. La mayoría de ellas no habían sido pensadas con cuidado, es cierto. Sin embargo, todas iban en dirección equivocada, y había algunas peligrosas y sin fundamento en las Escrituras. Por primera vez supe que la relación sincera y de corazón con la iglesia local es el amoroso plan de Dios para mí y para todo seguidor de Cristo.

No se trata de lo que mis padres quieren para mí. No se trata de lo que piense tal o cual pastor.

Y no es una opción.

¿PUEDE IDENTIFICAR AL QUE COQUETEA CON LA IGLESIA?

Hoy vivimos en un mundo cada vez más fragmentado. Ese tipo de mentalidad ha influido el modo en que nos relacionamos con Dios. La fe es una búsqueda individual. Hoy, los expertos describen a los Estados Unidos como una nación de «creyentes», pero no de «miembros», y los números lo confirman. Según el encuestador George Barna, aunque la población adulta de los Estados Unidos aumentó un quince por ciento durante la década de 1990, ¡la cantidad de adultos que no asistían a la iglesia con regularidad, o que solo iban en las fiestas, aumentó un noventa y dos por ciento!

¿Puede definir ahora lo que yo llamo «coquetear con la iglesia»? Le doy un breve perfil. ¿Ve en usted una o más de estas características?

Primero, nuestra actitud hacia la iglesia suele estar *centrada en nosotros mismos*. Vamos por lo que podemos recibir: interacción social, programas o actividades. La pregunta principal es: ¿Qué puede hacer la iglesia por mí?

Un segundo signo del que coquetea con la iglesia es la *independencia*. Vamos a la iglesia porque es lo que se espera del cristiano, pero nos cuidamos de involucrarnos demasiado, en especial con la gente. No le prestamos mucha atención al propósito más amplio de Dios para nosotros como parte vital de una familia en una iglesia específica. Así que lo hacemos todo de forma mecánica, sin involucrarnos.

Y lo más esencial, quien coquetea con la iglesia suele ser *crítico*. No tenemos una alianza fuerte y enseguida encontramos defectos en nuestra iglesia. Tratamos a la iglesia con la mentalidad del consumidor, buscando el mejor producto por el precio de nuestro domingo por la mañana. Como resultado, somos inconstantes y no nos involucramos a largo plazo, como el amante con ojo inquieto que busca siempre algo mejor.

Tomemos a mi amigo Natán. Asistía a dos iglesias los domingos: a una porque le gustaba la música, y a otra porque le gustaban los sermones. Pero su relación con ambas no pasaba de eso. En la primera iglesia, salía apenas terminaba la última canción, y entonces iba a la segunda, a cinco minutos en auto. Hasta lograba parar en McDonald's para comer un Egg McMuffin. Tenía el tiempo calculado para entrar en la segunda justo cuando empezaba el sermón.

Uno diría que Natán repartía su tiempo.

Si se ve a sí mismo en alguna de estas descripciones, quiero que escuche lo que dice un ex novio de la iglesia: *Dios tiene algo mejor para usted y para mí que solo coquetear con la iglesia.* Lo que hacen los novios expertos como Natán y Jack es no darse cuenta de que lo que suponen que funciona para su beneficio personal en realidad les causa una gran pérdida, tanto para ellos como para otras personas.

Escribo este libro porque quiero compartir con otros sinceros seguidores de Cristo las profundas bendiciones que vienen con una vida comprometida con la iglesia. Quiero que le eche un vistazo a la belleza del plan de Dios para la iglesia en la vida de cada creyente, y al inimaginable poder al que puede dársele rienda suelta a través de tan solo una generación que acepte ese plan.

¿Por qué no habría de ser nuestra generación la que lo haga?

Pero antes de que veamos los beneficios del compromiso, piense en lo que se pierde cuando el coqueteo con la iglesia se vuelve un estilo de vida. En realidad, cuando nos resistimos a la pasión y el compromiso en nuestra relación con la iglesia, todos pierden lo mejor de Dios.

- Nos engañamos a *nosotros mismos*
- Engañamos a *la comunidad de nuestra iglesia*
- Engañamos a *nuestro mundo*.

Espero que tenga el coraje de seguir conmigo, porque las verdades bíblicas que estamos dando en este libro tienen el potencial de traer un tremendo cambio para mejorar su vida.

Comencemos con la última idea. Su mundo.

SU VIDA ES MÁS GRANDE

Dé un paso atrás por un momento. Recuerde lo que está en juego en verdad en cada vida humana. Cada uno de nosotros vive estos días en la tierra en un mundo visible que apenas oculta una realidad invisible mucho mayor. Lo que vemos no durará para siempre. Estamos en un conflicto cósmico contra las fuerzas espirituales del mal (Efesios 6:12). En algún momento del futuro, cada uno de los seres humanos que están vivos hoy estará muerto, y habrá una rendición de cuentas. Cada una de las almas, de los seis mil millones sobre la tierra, pasará la eternidad o en el cielo o en el infierno. ¡Por eso es que todo ser humano que esté vivo necesita oír las buenas nuevas del evangelio!

La buena nueva es simple y poderosa: Jesucristo murió para salvarnos de nuestro pecado, y no hay otra forma de salvación (véase Juan 14:6; Romanos 5:8). Para recibir el regalo de la salvación que Jesús ofrece, debemos apartarnos de nuestro pecado en genuino arrepentimiento y confiar en Él y en el sacrificio de su muerte por nosotros (véase 1 Juan 1:8-9; Romanos 10:9; Efesios 2:8-9).

¿Ha oído esta buena noticia antes? ¿Ha respondido a ella y hallado el perdón para sus pecados a través de la fe en Cristo? ¡Así lo espero!

Ahora quiero que vea cómo se conecta la iglesia con esta buena nueva: La iglesia es el vehículo que Jesús eligió para llevar el mensaje del evangelio a cada generación y cada pueblo.

¿Ve ahora la imagen completa? La iglesia importa porque Jesús la eligió para contar y mostrar al mundo el mensaje de su amor. Y este mensaje llevado a lo largo de la historia y vivido para que todos lo vean es la *única* esperanza del mundo.

Paul David Tripp escribe a los cristianos:

> Su vida es mucho más que un buen empleo, un cónyuge comprensivo e hijos que no delincuen. Es mucho más que un lindo jardín, buenas vacaciones y ropa a la moda. En realidad, usted forma parte de algo inmenso, algo que comenzó antes de que naciera y que continuará después de que muera. Dios está rescatando a la humanidad caída, transportándolos a su reino, y poco a poco dándoles forma según su imagen, y quiere que usted forme parte de esto.

¿No es asombroso? Dios no solo nos ha salvado; nos ha invitado a participar en su plan maestro de redimir a un pueblo para su gloria. A través de la iglesia local participamos en su plan eterno para rescatar a hombres y mujeres de sus pecados y transformar sus vidas por completo. Esta es la misión de la iglesia. Es nuestro deber, nuestra vocación, nuestro llamado y nuestro privilegio.

Como verá en las páginas que siguen, otra potente dimensión está operando cuando decidimos aceptar nuestro papel en la familia de Dios en serio. Al participar de forma genuina en la obra de la iglesia mundial, nos ponemos en el mejor lugar posible para permitir que Dios haga su obra en nosotros. Por eso es que la iglesia es el mejor contexto —el vivero de Dios, si se quiere— para que florezcamos espiritualmente. Es aquí donde Dios nos hace crecer y nos conforma a la imagen de su hijo. (Y cuando digo «la iglesia es el mejor contexto» no estoy hablando solo de lo que sucede dentro, sentados en los bancos, en la sala de oración, o dentro de las cuatro paredes del edificio).

En la *comunidad* de la iglesia es donde aprendemos a amar a Dios y a los demás; donde somos fortalecidos y transformados por la verdad de la Palabra. Es donde se nos enseña a orar, adorar y servir; donde podemos tener la certeza de que estamos invirtiendo nuestro tiempo y capacidad por la eternidad; donde podemos crecer en nuestro papel como amigos, hijos e hijas, esposos y esposas, padres y madres. La iglesia es el único lugar mejor sobre la tierra, el lugar diseñado en especial por Dios para empezar de nuevo, para crecer y para cambiar para gloria del Señor.

Es por eso que les digo a las personas que cuando dejan de coquetear con la iglesia, no están agregando otro tema a una larga lista de cosas espirituales para hacer. No. Al fin están comenzando a experimentar las otras bendiciones que Jesús prometió a sus seguidores como fruto de la vida verdaderamente abundante.

¿POR QUÉ DEBE SEGUIR LEYENDO?

En el resto de este libro comprenderemos cómo Dios ve a la iglesia, y cómo viendo a la iglesia desde su perspectiva podemos transformar nuestra actitud. Estrecharemos nuestra visión para ver a «la iglesia a la vuelta de la esquina», qué es lo que en realidad nos impide comprometernos con ella, y qué es lo que podemos hacer al respecto. También examinaremos los cambios en el estilo de vida que ocurrirán cuando hacemos de la iglesia una prioridad, además de los beneficios que trae este cambio. Y hablaremos sobre qué hemos de buscar en una iglesia local cuando estamos listos para comprometernos.

Para algunos, la sola idea de comprometerse (o recomprometerse) con una iglesia despierta sentimientos y recuerdos poco agradables. Tal vez piense que le va muy bien en su propia iglesia. O quizá haya tenido una mala experiencia en una iglesia del pasado. Quizá haya visto que una congregación se debatía en medio de la codicia, la arrogancia, o la falta de integridad moral. Cuando se le habla de compromiso siente que quiere salir corriendo. No quiere entregar su corazón y que lo vuelvan a romper otra vez. Si es aquí donde lo encuentra mi libro, entiendo sus sentimientos... ¡y espero que siga leyendo! Mi oración es que en las páginas que siguen se atreva a soñar de nuevo con lo que debe ser su lugar en la comunidad. Y más que soñar, que crea que el propósito amoroso e inquebrantable de Dios para usted es más fuerte que el pecado de cualquier otra persona.

Admito que la idea de enamorarse puede ser muy riesgosa como sentimiento. Pero Dios nos está llamando precisamente a este tipo de experiencia de todo corazón y de profundo compromiso con su iglesia. Él siente este tipo de pasión.

Y no estoy exagerando. Porque como verá en el siguiente capítulo, Jesús sigue llamándola su Esposa.

Capítulo 2

ÉL SIGUE LLAMÁNDOLA SU ESPOSA

La iglesia desde la perspectiva del cielo

M e duelen las mejillas de tanto sonreír. Mi corazón late como si hubiera corrido una carrera de
cien metros. Pero estoy quieto. Intento estar
erguido. Esperando.

Y luego, suena la música. Se abre la puerta del audito-
rio de la iglesia. Asoma el vestido blanco y comienzo a
temblar.

Este es el momento.

Todas las cabezas giran en esa dirección. Algunos esti-
ran el cuello. La congregación se pone de pie al unísono.

Y allí está Shannon, del brazo de su padre. Parece irra-
diar luz. Si tan solo hubiera un botón de pausa podría

apretarlo para congelar esta escena... lo suficiente como para que mi mente la registre para siempre. Quiero saborear cada segundo.

Hoy es el día de mi boda. Mi novia acaba de entrar en la iglesia.

IMAGINE LO SIGUIENTE

La Biblia utiliza muchas imágenes del lenguaje para describir a la iglesia. Cada una de estas representaciones, algunas de las cuales veremos en este capítulo, está llena de significado acerca de la iglesia. Pero hay una palabra, una imagen que parece ser la más impactante. Nos ayuda a ver no solo el propósito de Dios para nosotros, la iglesia, sino la profundidad de su amor y compromiso con nuestro bienestar. Pablo nos dice que Cristo ve a la iglesia como el novio ve a su futura esposa.

Que Jesús llamara a la iglesia su esposa nunca tuvo mucho significado para mí. Es decir, hasta el día de mi boda. No puedo recordar todos mis pensamientos y emociones al ver a Shannon avanzando por el pasillo. Sin embargo, en medio de mi fascinación, recuerdo que me impactó la idea de que estaba viendo apenas un atisbo de cómo se siente Cristo con respecto a todos nosotros, sus seguidores.

La gozosa anticipación...

El amor puro...

La esperanza sin límites...

Mi experiencia en esos momentos me daba un indicio de la pasión que Cristo siente por su iglesia. La palabra imagen cobró vida como nunca antes. Jesús nos llama *a usted y a mí* su esposa.

Como este es un libro que trata sobre nuestra relación con la iglesia local, se preguntará dónde cabe todo este palabrerío acerca del amor. Si se ha involucrado de manera importante en una o más iglesias en el pasado, quizá tenga prisa por que yo entienda sus experiencias: maravillosas, menos que maravillosas o simplemente horribles.

Aun así quiero correr el riesgo con usted. Quiero ayudarle a ver sus experiencias desde un ángulo nuevo. En el siguiente capítulo nos concentraremos en la iglesia local así como la conocemos todos (la llamaremos iglesia con i minúscula). Pero primero quiero que usted piense en la Iglesia con mayúscula. Esta iglesia no se refiere a un edificio, congregación, denominación o tradición. Es la familia de Dios en todo el mundo, compuesta por todos aquellos que han recibido el regalo de la salvación por gracia solo a través de la fe en Jesús.

Y quiero que piense en un misterio: ¿Qué nos dice esa palabra, *esposa*, sobre la naturaleza del amor de Jesús por esta Iglesia con mayúscula?

Un profundo misterio

En Efesios 5:25-32, Pablo instruye a los esposos a amar a sus esposas así como Cristo amó a la iglesia. Es probable que haya oído leer este pasaje en una boda. Por lo general se aplica a las obligaciones de los esposos de cuidar y amar a sus esposas. Esta aplicación es adecuada y maravillosa, pero estos versículos también revelan mucho en cuanto a lo que piensa Jesús de su iglesia y cómo elige amarnos.

Intente leer los versículos tan conocidos de nuevo desde una perspectiva diferente. En lugar de enfocarse en lo que debieran hacer los esposos, mire lo que dicen estos versículos sobre lo que ha hecho Jesús por nosotros y sobre lo que hará por quienes están unidos a Él por la fe:

> Maridos, amad a vuestras mujeres, así como Cristo amó a la iglesia, y se entregó a sí mismo por ella, para santificarla, habiéndola purificado en el lavamiento del agua por la palabra, a fin de presentársela a sí mismo, una iglesia gloriosa, que no tuviese mancha ni arruga ni cosa semejante, sino que fuese santa y sin mancha. Así también los maridos deben amar a sus mujeres como a sus mismos cuerpos. El que ama a su mujer, a sí mismo se ama. Porque nadie aborreció jamás a su propia carne, sino que la sustenta y la cuida, como

también Cristo a la iglesia, porque somos miembros de su cuerpo, de su carne y de sus huesos. Por esto dejará el hombre a su padre y a su madre, y se unirá a su mujer, y los dos serán una sola carne. Grande es este misterio; mas yo digo esto respecto de Cristo y de la iglesia. (Efesios 5:25-32)

Es obvio que cuando este pasaje habla de la iglesia, está hablando de algo más que de una congregación en particular. Se refiere a la Iglesia con mayúscula, o universal. Esta es la familia viviente y espiritual a la que nos unimos —y a la que permanecemos unidos— en el momento en que somos salvos y bautizados (siendo el bautismo el símbolo exterior de nuestro renacimiento espiritual interior, Hechos 2:38).

¿Cuánto ama Cristo a la iglesia? Según este pasaje, nos ama tanto que se entregó a sí mismo por nosotros. Entregó su vida para redimirnos. Y ahora está de continuo obrando para purificarla y prepararnos para la eternidad.

El amor de Cristo por su iglesia no es cambiante, es eterno y paciente. Él intercede por nosotros de forma constante ante el Padre. Nutre, atesora, sostiene, protege.

El amor de Cristo por nosotros es tan profundo y su identificación con nosotros tan real que nos ve como su propio cuerpo. En nuestra unión con Él, su vida se extiende a nosotros. Esto significa que cuando somos rechazados,

Él es rechazado. Cuando somos perseguidos, Él es perseguido. Cuando nos regocijamos, Él también lo hace.

Ahora observe que el pasaje de Efesios arriba mencionado termina con una referencia a Génesis 2, que dice que en el matrimonio el esposo y la esposa se vuelven una sola carne. Luego Pablo nos dice que el pasaje de Génesis en realidad hace referencia a Cristo y la Iglesia. ¿Qué está diciendo? ¿Es posible que Dios no haya obtenido su inspiración para amar a la Iglesia a partir del matrimonio, sino que la razón por la que Dios creó el matrimonio era la de ilustrar su amor por la Iglesia?

Así lo creo. ¡No es de sorprender que Pablo llamara a la metáfora de la Iglesia como esposa de Cristo un *profundo* misterio!

Dios inventó el romance y la búsqueda y la promesa del amor que no muere entre un hombre y una mujer para que a lo largo de nuestras vidas tuviéramos apenas un débil atisbo del intenso amor que Cristo tiene por aquellos por los que murió. ¡Por su Iglesia! Aun si usted jamás ha estudiado la Biblia, ha oído los ecos de este asombroso amor a lo largo de su vida. Toda verdadera historia de amor apunta a esto. Todo novio que se siente desmayar al ver a su radiante novia ha susurrado acerca de esto. Todo matrimonio fiel, comprometido y lleno amor lo señala. Cada uno es un eco imperfecto del perfecto canto de amor de los cielos.

AMAR LO QUE ÉL AMA

Mi objetivo en este libro es el de ayudarle a conectarse y comprometerse con una sólida iglesia local. Sin embargo, antes de que cualquiera de nosotros pueda entender cómo relacionarse con la iglesia que está a la vuelta de la esquina, necesitamos ver a la Iglesia como la ve Dios. Por eso he utilizado este tiempo para mostrarle algunas implicacioness del hecho de que la Iglesia es la esposa de Cristo. Verá, el argumento más fuerte que conozco de por qué usted y yo debemos amar y preocuparnos por la Iglesia es que Jesús lo hace. La mayor motivación que podríamos encontrar para comprometernos de forma apasionada con la Iglesia es que Jesús está comprometido apasionadamente con ella.

Como cristianos somos llamados a ser imitadores de Dios (Efesios 5:1). Hemos de conformarnos a imagen de su Hijo (Romanos 8:29). ¿Puede haber dudas acerca de que una parte de ser como Jesús es amar lo que Él ama? Los cristianos a menudo hablan de querer tener el corazón de Dios por los pobres o los perdidos. Y son buenos deseos. ¿Pero no debiéramos también querer tener el corazón de Dios por la Iglesia? Si Jesús ama a la Iglesia, usted y yo también debiésemos amarla. Es así de simple.

¿Por qué nos cuesta tanto a muchos? Quiero decir, ¿qué le viene a la mente cuando *piensa* en la Iglesia?

Enfrentémoslo. La mayoría de nosotros probablemente no imagina a una bella esposa. Nuestra visión de la Iglesia está distorsionada por experiencias negativas o por nuestras propias percepciones erróneas. Imaginamos un edificio en particular, una denominación celosa y excluyente, un teleevangelista fraudulento, un vergonzoso escándalo que aparece en las noticias de la noche. La Iglesia no es algo de lo que nos sintamos particularmente orgullosos, o que nos atraiga al amor.

Sin embargo, todo esto cambiaría si viéramos a la Iglesia desde la perspectiva del cielo.

LO QUE SE VE DESDE ALLÍ

La Biblia enseña en Efesios 3:9-11 que «los principados y potestades en los lugares celestiales» miran la obra de Dios a través de la Iglesia con asombro y maravilla. Se asombran. Quedan atrapados por la acción que se desarrolla a través de la Iglesia. ¿Por qué? Porque la «multiforme sabiduría» de Dios y el misterio espiritual oculto durante siglos están siendo revelados a través de la Iglesia.

¿Qué es esta sabiduría? Son los poderosos efectos del evangelio que obra y se hace ver en vidas reales, en relaciones reales. Efesios nos dice que a través del evangelio los pecadores no solo se reconcilian con Dios, sino que también se reconcilian los unos con los otros en la iglesia.

Así que ya no sois extranjeros ni advenedizos, sino conciudadanos de los santos, y miembros de la familia de Dios. (2:19)

Los seres celestiales miran hacia abajo a la Iglesia y ven una asombrosa *familia*. El poder del evangelio no está solo cambiando a las personas, sino también creando un nuevo tipo de humanidad. En medio de un mundo lleno de divisiones, dividido por géneros, razas, clases e ideologías políticas, la Iglesia es una ciudad sobre una colina donde la gente que antes odiaba a Dios y se odiaban entre sí se convirtieron en los hijos de Dios y miembros de *una* misma familia.

Esta familia se expresa en formas prácticas y radicales.

Maureen, una mujer blanca de mi iglesia, tiene una carga en particular por la reconciliación racial. En la tumultuosa década de 1960 llegó a la mayoría de edad, momento en que sus padres estaban muy involucrados en el movimiento de los derechos civiles. Se graduó de la secundaria T. C. Williams, la escuela que aparece en la película *Duelo de Titanes*. Maureen dice: «Lo que muestra la película ni siquiera se acerca a describir el horror de asistir a la escuela durante esa época en la historia. Fui testigo del conflicto racial incendiario y la intolerancia. Y como solía hacerme amiga de los estudiantes negros la gente de ambas razas me perseguía sin sentido».

Maureen esperaba en vano que las relaciones cambiaran. No fue así, y vivió desilusiones similares en la universidad y el trabajo. «"Hemos de triunfar" era la canción más popular entonces, pero sin Dios eso no se conseguiría jamás».

Maureen llegó a ser cristiana a los veinticinco años. Poco después se enamoró de su iglesia. Ha visto suceder allí cosas que no podrían suceder en ningún otro lugar sobre la tierra. «Reconocí que la Iglesia era el único lugar donde la gente de distintas razas podían encontrar el perdón, la aceptación y la confianza necesarias para una amistad profunda».

Hoy, la mejor amiga de Maureen es jamaiquina, y ella ve que sus hijos disfrutan de tener amistades diversas también. «Los mejores amigos de mi hijo Michael son de la iglesia y vienen de tres naciones diferentes: Nigeria, México y Filipinas. Ninguno es caucásico. ¡Ni siquiera son norteamericanos! Y de forma sorprendente, lo dan por sentado. La raza no tiene importancia aquí. Nuestra relación con Cristo nos hace miembros de la misma familia».

Maureen ha vislumbrado lo que ve el cielo.

DOS IMÁGENES MÁS

La Iglesia de Jesucristo es una familia como no hay otra en el mundo. Sin embargo, el misterio no termina allí. Cuando los seres celestiales miran hacia abajo, también ven algo que es todavía más asombroso, ven un *cuerpo*.

Y [Dios] sometió todas las cosas bajo sus pies, y lo dio por cabeza sobre todas las cosas a la iglesia, la cual es su cuerpo, la plenitud de Aquel que todo lo llena en todo. (Efesios 1:22-23)

La Iglesia está tan cerca del corazón de Dios, es tan central a su obra en el mundo, que Él nos llama el cuerpo de Cristo. Somos más que hermanos y hermanas en Cristo. Al expresar nuestra unión con Él por medio del servicio, la adoración y el amor, nos convertimos en manifestación física de nuestro Salvador sobre la tierra.

¿Listo para otra imagen? El cielo ve a la Iglesia como un magnífico templo. A través de la Iglesia, Dios está creando una estructura como no hay otra en la historia. No está hecha de piedras o ladrillos. Es más grande que cualquier catedral construida por manos humanas. Este edificio se compone de piedras *vivas* (1 Pedro 2:5). Los apóstoles y profetas hicieron los cimientos, Jesús mismo es la piedra angular, y *usted y yo* estamos siendo agregados a ella.

[En Cristo] todo el edificio, bien coordinado, va creciendo para ser un templo santo en el Señor; en quien vosotros también sois juntamente edificados para morada de Dios en el Espíritu. (Efesios 2:21-22)

Como creyentes estamos unidos a una estructura espiritual que nos vincula a los apóstoles que caminaron con el Maestro, a los santos de cada generación, color y continente, tanto a los que nos precedieron como a aquellos que nos seguirán.

En el Antiguo Testamento la presencia de Dios en el mundo se manifestaba en el tabernáculo en el desierto y más tarde en el templo en Jerusalén. Pero hoy, luego de la venida de Cristo, ya no hay necesidad de un templo. La Iglesia es el templo de Dios, el lugar donde reside en especial y manifiesta su presencia. Nosotros somos el lugar de habitación de Dios, no nuestros edificios, sino nuestras vidas unidas en adoración y servicio.

UNIÉNDOLO TODO

¿Ve ahora con más claridad por qué es tan importante que estemos conectados y comprometidos con la iglesia?

Eric Lane describe lo que cada una de estas imágenes de la iglesia dice acerca de nuestra participación en ella:

Ser miembro de una familia es pertenecer a una comunidad vinculada por una paternidad en común. Ser una piedra en este templo significa pertenecer a una comunidad de adoración. Formar parte de un cuerpo significa pertenecer a una comunidad que da testimonio, que vive, funciona y sirve.

«En conjunto», continúa Lane, «tenemos las funciones principales de un cristiano individual. Es evidente que debemos cumplir estas obligaciones no solos, sino juntos en la iglesia».

Está en lo cierto. No podemos vivir nuestras vidas cristianas solos. Cuando somos salvos de nuestro pecado, nos volvemos parte de algo más grande que nosotros: una familia, un cuerpo, un templo. A través de la Iglesia en todo el mundo, Dios está obrando glorificándose a sí mismo y transformando vidas.

Esta es la Iglesia de todas las tribus y lenguas y generaciones que será presentada como esposa a Cristo el último día (véase Apocalipsis 19:7).

Esta es la Iglesia que triunfará a pesar del fracaso humano y los ataques del demonio.

Esta es la Iglesia que jamás acabará.

ESAS DIFERENCIAS PROMETEDORAS

Para este momento estará pensando que el plan de Dios para la iglesia suena muy bien, pero que ha fracasado. ¿Qué hay de todas esas denominaciones? ¿No son evidencia de que la unidad que Cristo predicó y por la que oró en Juan 17 no se ha logrado? ¿No prueban que la iglesia es un experimento fracasado? Si se encuentra atascado por estas consideraciones, le aliento a volver a pensar en el significado de lo que es *unidad*.

La verdadera unidad es por medio del Espíritu de Dios a través de la fe en el evangelio. Toda forma de unidad que abandone las verdades centrales del evangelio —como la expiación sustituta de Cristo, su resurrección y la justificación únicamente por gracia solo a través de la fe— no es unidad. Todos los que sostienen y atesoran estas verdades centrales, el tipo de verdades que Pablo describió como «de primera importancia» (véase 1 Corintios 15:3-5), disfrutan de verdadera unidad. Somos uno en Cristo, aun si vivimos en lugares opuestos del mundo y adoramos en tradiciones diferentes.

Así que no hay que pensar en las diferencias de las denominaciones como enemigas de la unidad, sino como algo que hace que la verdadera unidad sea todavía más asequible. Coincidimos en estar de acuerdo en las cosas de primera importancia; y convenimos en respetar los desacuerdos sobre las cosas de menor importancia. «Las denominaciones nos permiten tener una unidad de organizaciones en las que tenemos pleno acuerdo», escribe Richard Phillips, «y nos permiten tener unidad espiritual con otras denominaciones, porque no estamos obligados a discutir para perfeccionar el acuerdo, sino que podemos aceptar nuestras diferencias de opinión sobre temas secundarios».

En el aspecto más importante, la oración de Jesús por la unidad ha sido respondida. A causa del evangelio hay unidad. Nuestro trabajo es mantenerla. ¿Cómo hacemos esto? Rechazando un *espíritu de denominación* en nuestra actitud. Orando para que Dios obre a través de otros cristianos aunque adoren de manera diferente a la nuestra. Siendo humildes sobre las diferencias en doctrina de importancia secundaria. Y regocijándonos cuando oímos que otros son utilizados para hacer avanzar el evangelio.

Cuando adoptamos esta actitud, comenzamos a conocer que la Iglesia alrededor del mundo es el fenómeno espectacular que en realidad es.

Jean se mudó hace poco a Egipto. Un domingo por la mañana quedó impactada por el hecho de que estaba orando junto a hermanos y hermanas de más de sesenta países. «Nos habíamos reunido, unidos en propósito, para glorificar y adorar a Jesucristo», me escribió. «Estábamos unidos bajo una misma Cabeza. Tuve un vistazo de cómo será el cielo, toda tribu, idioma y nación estarán representados».

A través de su iglesia, extendida en todo el mundo, Jesús se está glorificando a sí mismo y desarrollando su reino en formas que ninguna persona, congregación o denominación podría lograr por sí sola.

El tiempo no ha disminuido su amor

Cuando vemos a la iglesia como la ve Dios, aprendemos dos lecciones en extremo importantes. Primero, que la iglesia le importa más de lo que podemos darnos cuenta. Y segundo, que Él nos llama, esperando que formemos parte de ella... ¡porque *somos* parte de ella!

Si Jesús ama a la iglesia, usted y yo deberíamos amarla también. No podemos utilizar la excusa de que la iglesia se ha equivocado demasiadas veces o de que estamos desilusionados. Jesús es la única persona que tiene el derecho a desheredar y a abandonar a la iglesia. Pero nunca lo ha hecho. Y nunca lo hará.

Conocí a un hombre que había estado casado durante más de veinticinco años. Al hablarme de él y su familia, sacó su billetera. «Permítame mostrarle una fotografía de mi novia», dijo con excitación. Casi esperaba ver una fotografía desgastada de su esposa el día de la boda. Sin embargo, me mostró una fotografía reciente de su esposa, que ahora tenía más de cincuenta años. Sonreí admirado. El amor innegable de este hombre por su esposa era inspirador. No era «la vieja» para él. Ni siquiera el término esposa podría expresar todo lo que había en su corazón. Después de un cuarto de siglo de vivir juntos, ella seguía siendo su novia. Seguía teniendo su corazón, su pasión y su afecto.

La Biblia nos dice que Jesús tiene un afecto similar y aun mayor por nosotros, su Iglesia. A pesar de todas nuestras equivocaciones, nuestro pecado e imperfecciones, el amor de Cristo por su Iglesia no ha cambiado con el tiempo. John Stock escribe:

> En la tierra a menudo se viste de harapos, está fea y manchada, despreciada y perseguida. Pero un día la veremos cómo lo que es, nada menos que la esposa de Cristo, «sin mancha y sin contaminación», santa, hermosa y gloriosa. Es con este objetivo constructivo que Cristo ha estado obrando y continúa haciéndolo. La esposa no se hace bella para presentarse a sí misma; es el novio quien se esfuerza por embellecerla para poder presentarla a él mismo.

Jesús ha estado obrando cada día para embellecernos. Nos eligió antes de la fundación del mundo (Efesios 1:4-6). Nos tenía en mente cuando estaba clavado, agonizante sobre la cruz. Han pasado muchos días desde entonces. Pero su pasión no se ha apagado.

Jesús sigue llamándonos su Esposa.

Capítulo 3

¿POR QUÉ NECESITAMOS EN REALIDAD LA IGLESIA LOCAL?

Pensemos globalmente, amemos localmente

Conocí a Michael en una librería cerca de mi casa. De poco más de veinte años y con una barba incipiente, tenía cabello oscuro que crecía en distintas direcciones. Estaba echado sobre una de las cuatro cómodas sillas verdes en la intersección de dos pasillos de libros. Lo que me llamó la atención en él fue que en medio de todos esos libros estaba leyendo una Biblia con mucha atención. Me acerqué a conversar. Me dijo que era cristiano pero que estaba pasando por momentos difíciles en su vida y su fe.

Al fin le pregunté: «¿A qué iglesia vas?».

«No voy a ninguna», dijo. Se pasó los dedos por el cabello y suspiró. «Las últimas dos iglesias a las que asistí atravesaron por momentos muy feos justo después de que entré», dijo. Entonces rió. «Estoy convencido de que les traigo mala suerte».

Cuando invité a Michael a visitar mi iglesia, preguntó: «¿Estás seguro de que me quieres a mí y a mi mala suerte?».

«No creo en la suerte», le dije. Michael visitó nuestra iglesia unas semanas más tarde, pero desde entonces no volví a verlo. ¿Sigue allí afuera, intentando navegar su travesía cristiana a solas, o se ha unido a la comunidad de una iglesia? Es probable que no lo sepa jamás.

Por desgracia, hay demasiados Michaels, sin interés, desilusionados, sin confianza. «La mayoría de los jóvenes adultos cristianos saben en qué creen», me dijo una joven llamada Holly. «Y piensan que en tanto sepan esto, no necesitan una familia de la iglesia, ni las cosas que vienen con ella. Además, esto es apenas una formalidad para los cristianos que no es en verdad necesaria».

¿Pertenecer a una iglesia es en realidad solo una formalidad? Cuando se le preguntó a qué iglesia pertenecía a un visitante un domingo por la mañana, le respondió al pastor: «Al cuerpo universal de Cristo».

Desde el punto de vista técnico puede estar en lo cierto. Como vimos en el último capítulo, todo cristiano auténtico pertenece a Cristo, ¡y eso es maravilloso! Pero,

¿es sabio o adecuado que una persona esté vinculada de forma espiritual a la iglesia universal y sin embargo no tenga conexión con una iglesia local? ¿Y es además posible? ¿No sería esto cómo decirle a su flamante esposa que aunque su amor es verdadero tiene otras prioridades? Por supuesto que su corazón le pertenece, pero en cuanto al resto de usted... Bueno, entrará y saldrá.

Opino que para los sinceros seguidores de Cristo, la Biblia no permite tal desconexión. Si usted y yo nos identificamos con la iglesia y amamos la idea de la iglesia, debemos pensar cómo podemos identificarnos con ella y amar a una iglesia *real*.

PENSAR GLOBALMENTE, AMAR LOCALMENTE

Una iglesia local es una expresión visible y tangible del mundo real, que muestra al cuerpo de Cristo. «Por supuesto todo creyente forma parte de la iglesia universal», escribe Chuck Colson. «Pero para cualquier cristiano que tenga que decidir en cuanto a este asunto, el no aferrarse a una iglesia en particular implica no obedecer a Cristo».

Charles Spurgeon estuvo de acuerdo en que un cristiano que no se una a una iglesia está desobedeciendo. Combinó una mordaz verdad con el humor al comparar a este cristiano desconectado con ladrillos «que no sirven para nada»:

Sé que algunos dirán: «Bien, me he entregado al Señor, pero no tengo la intención de entregarme a la iglesia».

¿Ahora, porque no?

«Porque puedo ser cristiano sin hacerlo».

¿Está seguro acerca de eso? ¿Puede ser un cristiano igual de bueno desobedeciendo los mandamientos de su Señor tanto como si fuera obediente?

¿Para qué sirve un ladrillo? Para ayudar a construir una casa. De nada sirve que ese ladrillo le diga que sigue siendo tan buen ladrillo aunque esté afuera echado en el suelo y no formando parte de una pared en su casa. Este es un ladrillo que no sirve para nada.

Así que, cristianos ambulantes, yo no creo que estén respondiendo a su propósito. Están viviendo en oposición a la vida que Cristo quiere que vivan, y han de cargar con la culpa del mal que causen.

Solo al unirse a una iglesia local pueden los cristianos evitar «no servir para nada» como el ladrillo. Es en la iglesia local donde estamos vinculados con la obra de Dios en todo el mundo.

Los autores Brian Habig y Les Newsom presentan en *The Enduring Community* una recomendación útil. Copiándose del estilo de las calcomanías para autos, recomiendan que los cristianos debieran «pensar globalmente, amar localmente». «Todos debemos preocuparnos por los desafíos que enfrenta toda la gente de todo el mundo», escriben. «Pero esa preocupación no puede expresarse en todas partes. Demostramos nuestra preocupación e interés actuando y viviendo allí donde estamos».

Vemos esta combinación de una mentalidad global con un enfoque local a lo largo del Nuevo Testamento. Los apóstoles no se involucraban nada más con la Iglesia universal, estaban muy ocupados plantando y cuidando a las iglesias locales individuales. La mayoría de sus epístolas se escribieron a iglesias específicas en ciudades como Galacia, Éfeso, Corinto y Filipos. Casi todas las veces que aparece la palabra *iglesia* en el Nuevo Testamento se refiere a una determinada comunidad de cristianos.

Ellos veían la imagen completa, pero entendían que uno no puede jamás separar el plan integral de Dios del servicio cotidiano y de la participación con las personas.

Personas como sus vecinos, por ejemplo.

LO QUE LA IGLESIA HACE MEJOR

Una de las cosas que una congregación local hace mejor es mostrar a los vecinos no cristianos que la nueva vida disponible a través de la muerte de Jesús en la cruz es también el nacimiento de una nueva sociedad. Al vivir el evangelio como una comunidad, la iglesia de la vuelta de la esquina logra la importante misión de mostrar los efectos transformadores del evangelio para que el mundo los vea. Otros no serán capaces de ver esta imagen más grande si nos mantenemos apartados, cada uno por su lado.

Mi esposa Shannon oyó el evangelio por primera vez de parte de su maestro de guitarra. Luego, cuando él la trajo a su iglesia, vio el evangelio en acción. Había cientos de personas que confiaban, adoraban a Jesucristo y vivían para Él. Ella comenzó a leer la Biblia, y pronto la vio puesta en acción en la vida real por parte de personas reales. En la iglesia encontró personas que se preocupaban las unas por las otras, que se perdonaban las unas a las otras, que se servían las unas a las otras. Era diferente de cualquier cosa que hubiera visto antes en su vida. Dios utilizó a la combinación de testigos de la iglesia para llevarla a la fe personal en Cristo.

Si Cristo trajo nueva vida como dijo, los cristianos debiéramos vivir de manera diferente a los que no lo son. ¿No está de acuerdo? Por supuesto, no lo hacemos siempre a la perfección. Pero debiéramos hacer todo lo posible por mantener nuestra luz brillando en un mundo oscuro, para que todos la vean. Parte de la tarea de una iglesia local es distinguir a los que creen de aquellos que no creen, para mostrar así lo que significa en verdad seguir a Cristo. Es por eso que una iglesia local debe mantener ciertas prácticas cristianas únicas dadas a nosotros por Jesús.

Piense en las prácticas por las que una iglesia debe medirse a sí misma:

- *El bautismo* muestra a los que han sido salvados y se han identificado con la muerte y resurrección de Cristo (véase Mateo 28:19; Romanos 6:4).
- *La Santa Cena* señala a los que continúan en comunión con Cristo y están recordando su muerte hasta su venida (véase Mateo 26:26-29; 1 Corintios 11:23-25).
- *La disciplina* es el proceso que aparta a una persona de la iglesia si actúa de manera contradictoria con lo que enseña el Nuevo Testamento. Para poder amar a la persona que se arrepiente de su pecado, y para no confundir a otros en cuanto a lo que significa ser cristianos, el liderazgo de la iglesia los aparta con amor en la esperanza de que sean restaurados (véase Mateo 18 y 1 Corintios 5:1-9).

Se puede observar entonces que una iglesia local es diferente a un ministerio en un recinto universitario o a un estudio bíblico en el barrio. Estos grupos pueden expresar muchos aspectos de la comunidad cristiana, pero no son la iglesia. La iglesia es más que solo un grupo de cristianos que se reúnen para encontrar aliento. Es más que escuchar los sermones en la radio, o hablar por teléfono con un cristiano en otra ciudad.

Sí, uno puede obtener una enseñanza y sentirse en comunión en estos contextos. Pero ninguno de ellos puede sustituir a la iglesia local que demuestra las cualidades de una comunidad que honra a Dios. Ninguno puede brindar al creyente individual el liderazgo de un pastor, el cuidado y aliento de una familia comprometida de forma mutua y con diversas texturas.

Muchos aspectos de nuestra fe se benefician debido a la participación de los demás. Veamos otras dos esferas. La primera es la búsqueda de ser como Dios durante toda nuestra vida. Lo que podemos hacer solos como cristianos, si bien es indispensable y tiene gran significado, no es sustituto de lo que puede suceder y en realidad sucede en la iglesia local.

La santificación es un proyecto de comunidad

Cuanto más tiempo pasa en mi vida como cristiano, tanto más me percato de que no puedo vivir la vida cristiana por mi cuenta. Mi relación individual y directa con Dios a través de Jesús es el mayor privilegio, y Él es en verdad todo lo que necesito. Sin embargo, Dios en su sabiduría nos ha creado a todos para que necesitemos a otros también. ¿Es esto una contradicción? Para nada. Porque Dios ha ordenado que gran parte de su gracia fluya hacia nosotros a través de otros. El pastor John Piper dice: «La santificación es un proyecto de comunidad».

En los versículos de Hebreos 10 vemos con claridad este camino del cristiano en sus dos aspectos. En los versículos 19-23 se nos alienta a acercarnos a Dios y a relacionarnos con Él de forma personal e íntima. Se nos invita a tener «libertad para entrar en el Lugar Santísimo por la sangre de Jesucristo». Luego se nos dice que nos mantengamos firmes en nuestra fe como creyentes para mantener, «sin fluctuar, la profesión de nuestra esperanza, porque fiel es el que prometió».

¿Qué otra cosa necesitamos?

Es evidente que sí necesitamos algo. Y en los versículos 24-25, se nos dice qué es:

> Y considerémonos unos a otros para estimularnos al amor y a las buenas obras; no dejando de congregarnos, como algunos tienen por costumbre, sino exhortándonos; y tanto más, cuanto veis que aquel día se acerca.

Como verá, en realidad sí necesitamos el ministerio de los demás, en especial de los pastores, para alentarnos, para ayudarnos a aplicar la Palabra de Dios a nuestras vidas, y para ayudarnos a conocer nuestros pecados.

Hace poco mi esposa y yo discutimos y la discusión llegó al enojo en ambas partes. Intentamos resolver nuestras diferencias varias veces, pero cada intento solo lograba exacerbar más el problema. No sabía qué hacer. Quería resolver el conflicto, pero no sabía cómo.

A la mañana siguiente pasé una hora orando y leyendo las Escrituras. Anoté mis pensamientos en mi diario. Nada parecía ayudar. Ni siquiera así podría haber una salida a la situación. Así que tomé el teléfono y llamé a mi pastor. «¿Estás bien?», preguntó C. J. tan pronto oyó mi voz. Le expliqué la situación y le dije que estaba muy confundido. «Carolina y yo iremos a verlos esta noche», dijo. «Recuerda, no hay conflicto que tú y Shannon puedan tener que no hayamos tenido nosotros ya».

C. J. y Caroline llegaron esa noche después de que nuestros niños habían ido a dormir. Oramos juntos, y luego escucharon con paciencia mientras le relatamos la discusión. Aunque hablamos con calma y amabilidad, todavía seguíamos enfocados en culparnos de forma mutua. (¡Como dijo luego mi pastor, hicimos una labor sobresaliente al confesar cada uno los pecados del otro!) Al final, C. J. y Caroline nos interrumpieron con amabilidad y señalaron la obvia amargura en nuestros corazones. Nos alentaron a humillarnos ante Dios y a enfrentar nuestra amargura antes de hacer el intento por desentrañar los detalles específicos de nuestro desacuerdo.

Esa noche fue para mí un recordatorio de cuánto necesito a un pastor para «velar por mi alma» (véase Hebreos 13:17). He escrito libros sobre las relaciones, he hablado sobre las comunicaciones, yo mismo soy pastor, pero a menudo estoy ciego por completo cuando se trata de mi propio pecado. Lo mismo pasa con usted. Necesitamos a los demás para vencer al pecado y para crecer de la forma en que Dios lo ha planeado.

PIEDRAS VIVAS EN SU TEMPLO

Otra parte de la vida cristiana que florece en comunidad es la adoración. De nuevo digo, esto es algo que también podemos disfrutar a solas. Podemos adorar en cualquier lugar, en cualquier momento, y en completa soledad. Pero algo único e irreemplazable sucede cuando adoramos juntos.

El Nuevo Testamento captura esta doble verdad cuando retrata a los creyentes individuales y a la familia de creyentes como su templo. Usted y yo somos un templo del Espíritu Santo (1 Corintios 6:19). Sin embargo, en la misma carta Pablo describe a las iglesias como parte del «edificio de Dios» (3:9). Y cuando nos reunimos para adorar en comunión, respondemos a Dios —y Él se revela a sí mismo ante nosotros— de maneras diferentes.

Donald Whitney explica:

Dios manifestará su presencia en la adoración de la
congregación en formas que uno no podría siquiera imaginar en la adoración más gloriosa efectuada
en secreto. Esto es porque uno no es solo un templo de Dios como individuo, sino que la Biblia
también dice (y mucho más a menudo) que los cristianos *colectivamente* son el templo de Dios [...]
Dios manifiesta su presencia de maneras diferentes
a las «piedras vivas» de su templo cuando están reu-
nidas de lo que lo hace cuando están separadas
(véase también Efesios 2:19-22; 1 Pedro 2:5a).

Por esto reunirse para adorar junto con otros creyentes
en una iglesia local es algo tan irreemplazable. No puede
sustituirse con un gran tiempo devocional, un estudio
bíblico con los amigos, un paseo por la naturaleza en medi-
tación, ni un servicio religioso por televisión. Cuando la
iglesia está reunida para adorar y oír la predicación de la
Palabra de Dios, tiene lugar una motivación y una nutrición espiritual que no puede darse de la misma manera en
ningún otro lugar. Nuestra adoración colectiva nos edifica,
fortalece y glorifica a Dios como nada más puede hacerlo.

Espero que esté dándose cuenta de que las cosas que
hacemos juntos como cristianos no son actividades extra-
curriculares. No son beneficios opcionales que podemos

reclamar para cuando tengamos tiempo. Cuando adoramos, buscamos la santidad y vivimos la Palabra de Dios juntos, estamos expresando una parte integral de lo que significa ser sus seguidores.

Pero si todavía piensa que comprometerse con una iglesia local podría servir para otros cristianos pero no para usted, piense en una afirmación muy provocativa...

EL VERDADERO SIGNIFICADO DE PERTENECER

Mi amigo Mark Dever ha estudiado y pensado mucho acerca de la iglesia. Es el pastor de la iglesia Bautista de Capitol Hill y el autor de *9 Marks of a Healthy Church*.

También sabe cómo captar la atención de la gente. Mark me dijo hace poco que cuando habla en los recintos universitarios sobre la iglesia local, a menudo comienza con una afirmación provocativa:

> «Si no eres miembro de la iglesia a la que asistes con regularidad, es muy probable que vayas al infierno».

Eso por lo general logra que se haga silencio en la sala.

«Ni por un segundo quiero decir», continúa explicando Mark, «que literalmente tengan que llevar una tarjeta de membresía de una iglesia para poder ir al cielo. Creo en la justificación por la fe solo en Cristo, solo por la gracia de Dios. Al mismo tiempo en el Nuevo Testamento parece que la iglesia local está allí para verificar o falsificar nuestra afirmación de que somos cristianos. En 1 Corintios 5, el hombre que dormía con la esposa de su padre se creía cristiano».

Lo que Mark quiere decir es que mucha gente en el mundo afirma ser cristiana, pero no viven una nueva vida. No entienden, o no han sido transformados por el evangelio. Un estudiante universitario de Londres criticaba al director del coro de su iglesia que mantenía de forma explícita un amorío con la soprano principal. Un pastor estaba desesperado sobre cómo tratar a un miembro de su grupo de adoración que también era propietario de una librería que vendía revistas pornográficas. Estos son ejemplos de personas que necesitan que se les aclare el evangelio. Necesitan que se les diga que no pueden afirmar tener fe salvadora y seguir caminando en las tinieblas (véase 1 Juan 1:5-10).

Nuestra seguridad de la salvación debe incluir una vida cambiada. La confianza de que hemos sido en verdad salvados no debiera descansar en una experiencia emocional o una oración que dijimos frente al altar hace años. «No me importa cuánto lloren mientras cantan o mientras predico», afirma Mark. «Si no tienen una vida marcada por el amor hacia los demás, la Biblia no les da ningún motivo para pensar que son cristianos. Ninguno».

En 1 Pedro 2 se nos dice que hagamos de nuestro llamamiento y elección algo seguro. ¿Cómo hacemos esto? Uno de los pasos más prácticos que podemos dar es unirnos a una iglesia local. El hecho es que quizá sea usted quien necesite que se le aclare el evangelio y sus implicaciones para su vida personal. Por esto necesita la fiel enseñanza de la Palabra de Dios de parte de sus pastores. Necesita la protección y el desafío sano de tener alrededor a otros cristianos que estén dispuestos a echar al pecado de su vida.

Y necesita a otros cristianos a quienes amar. El libro de 1 Juan se escribió para ayudar a la gente a identificar la evidencia de la verdadera salvación en su vida. ¿Sabe cuál es uno de los signos principales que se nos dice que hemos de buscar? El genuino amor por los demás (véase 1 Juan 2:9-10).

«¿Quiere saber que su nueva vida es real?», pregunta Mark Dever. «Comprométase con un grupo local de pecadores salvados. Intente amarlos. No lo haga solo durante tres semanas. Ni durante seis meses. Hágalo durante años. Y creo que descubrirá, y otros también lo harán, si ama a Dios o no. La verdad se mostrará a sí misma».

La iglesia local es el lugar donde nuestra nueva vida en Cristo se vive y se prueba. «Unirse a una iglesia no lo salvará», dice con énfasis Dever. «Es solamente la muerte de Cristo la que salva. Él solo, y nadie más, es nuestra justicia. Pero si Él es en realidad nuestra justicia, si en verdad amamos a Aquel a quien no hemos visto, esto se mostrará cuando amemos a aquellos a quienes sí vemos».

Cuál es nuestro impedimento

¿Cómo se evidenciaría en su vida y en la mía el amor hacia los que interactúan con nosotros en la familia de Dios? ¿Qué significará estar comprometidos con una iglesia local? Esto es lo que examinaremos en el siguiente capítulo.

Pero, ¿qué tal si todavía tiene dudas acerca de dar este paso? Quizá esté comenzando a ver que el plan de Dios para la iglesia es hermoso, pero todavía lo distraen todas las cosas que piensa que están mal en las iglesias a las que ha asistido.

No niego que haya problemas. La triste realidad es que hay iglesias y líderes de iglesia que representan muy mal a Jesucristo través de su vida y sus enseñanzas. Y uno solo necesita asistir a una iglesia letárgica, ineficaz, poco amigable, para hacer que toda la retórica sobre la esposa de Cristo se desplome al suelo como si fuera un globo desinflado.

No obstante, ¿son en realidad estas experiencias las que nos impiden amar a la iglesia local? He llegado a creer que los obstáculos mayores de nuestra generación no son los problemas de la iglesia, sino los problemas *en nosotros*. Hemos absorbido actitudes y suposiciones del mundo que nos rodea que han afectado de forma negativa lo que esperamos de la iglesia y la forma en que hemos de acercarnos a nuestro papel en ella.

Por ejemplo:

- Hemos adoptado actitudes egocéntricas. Hemos creído la mentira de que seremos felices cuando sacrifiquemos y demos menos de nosotros mismos y de nuestro tiempo a los demás. Pero cuanto más nos aferramos a nuestro tiempo, dinero y comodidad, negándonos con egoísmo a dar a nuestra iglesia, tanto menos recibiremos de vuelta.
- Hemos permitido que la orgullosa independencia nos mantenga apartados. Puede ser el orgullo que dice: «No necesito a otras personas en mi vida». O puede ser el orgullo que dice: «No quiero que otras personas me vean como en realidad soy». Ambas formas nos impiden recibir las bendiciones y los beneficios de la comunidad en la iglesia local.
- Hemos adoptado un ojo crítico hacia la iglesia. Hemos creído que al quejarnos o culpar a la iglesia estamos logrando algo. Sin embargo, Dios nos llama a arrepentirnos de nuestro espíritu crítico, y en lugar de eso, a mostrarnos interesados. El interés genuino es lo que tiene lugar

cuando vemos un problema y nos importa. Este tipo de interés lleva a cambios positivos para nosotros y nuestra iglesia.

Hace poco mi amigo David, de Nueva York, me dijo que había estado asistiendo a la iglesia como un «consumidor», concentrado en comparar y criticar. Vio que necesitaba convertirse en «comunitario», alguien que va para encontrarse con Dios y expresar su amor hacia los demás. Dios le ha ayudado a cambiar de ser una persona que dejaba la iglesia cada semana con una lista de quejas a ser un siervo activo. «Lo hermoso de todo esto», dijo David, «es que como comunitario soy mucho más feliz de lo que era como consumidor».

Es solo cuando usted y yo rechazamos el egoísmo, la independencia orgullosa y el espíritu crítico que la belleza de la iglesia local entra en foco. Entonces veremos que comprometernos con una iglesia no es una carga, sino un regalo y una necesidad. No nos ata. Nos provee de un ancla en la tormenta de la vida. Y hasta sus defectos se convierten en oportunidades para que la amemos y sirvamos.

EL CAMINO

Encontré un libro escrito por un joven autor cristiano que contaba su historia de cómo encontró a Dios en el camino.

Él y su compañero habían empacado para salir de viaje en busca de Dios. Su pastor parecía no entender su anhelo de una profundidad espiritual, así que dejó atrás todo lo conocido y se embarcó en la aventura.

Logró escribir un libro interesante. En definitiva, hay atractivo en salir en busca de Dios y descubrirlo. Suena espiritual y valiente. Pero no creo que sea lo que la Palabra de Dios prescribe para el crecimiento espiritual. Y en última instancia, no creo que sea tan espiritual ni tan valiente como parece.

Irse es fácil. ¿Sabe qué cosa es más difícil? ¿Quiere usted saber qué es lo que requiere de más valentía y qué es lo que le hará crecer más rápido que cualquier otra cosa? Únase a una iglesia local y entregue sus deseos egoístas para pensar en los demás como más importantes que usted mismo. Humíllese y reconozca que necesita a otros cristianos. Invítelos a entrar en su vida. Deje de quejarse sobre lo que está mal con la iglesia y forme parte de la solución.

Es algo tan simple y, sin embargo, tan transformador en la vida. La vida vivida en una iglesia local es una aventura que le llevará a más gozo y más profundidad espiritual de lo que pueda imaginar. Quizá no sea un libro... pero es la historia que a Dios le encanta leer.

Capítulo 4

ÚNASE AL CLUB

Cómo se evidencia la pasión en acción

Robert vive en Gilbert, Arizona. Le gusta que sus amigos lo llamen «el gordo Bob». Ama la vida y a la gente y disfruta riéndose de sí mismo. Tiene un buen empleo y asiste con fidelidad a la iglesia. Pero si en realidad quiere ver a Robert emocionado pregúntele sobre su Jeep. Habla del Jeep como si fuera una persona. «Es mi bebé», dice con afecto. Buscó durante más de dos años para encontrar el modelo justo de Wrangler amarillo y negro. «Era impecable. Maravilloso», recuerda.

«Al tener el Jeep... bueno, por supuesto tuve que unirme al club del Jeep», explica Robert. El club local tenía más de mil quinientos miembros activos. Ofrecía reuniones, fiestas, travesías, y un sitio de Internet donde los miembros podían intercambiar consejos útiles sobre estos vehículos. «Es toda una comunidad construida alrededor del Jeep», dijo Robert.

A través del club, logró conocer a personas que le enseñaron los secretos de la tracción en las cuatro ruedas. A medida que intensificó su educación sobre el Jeep, el compromiso de Robert se hizo más profundo. «Estaba totalmente absorto», explicó. «Consumía todos mis momentos libres. O estaba trabajando en el Jeep, o planificando una travesía, o reuniéndome con gente para hablar del Jeep, o mirando el sitio de Internet del Jeep».

DESENGANCHARSE

Conocí a Robert en una conferencia cristiana. Vino con un grupo de su iglesia para oírme hablar. En la última noche di un mensaje sobre la importancia de la iglesia local. Comencé preguntando: «¿Está usted casado con la iglesia? ¿O está coqueteando con la iglesia?».

La pregunta inquietó a Robert. «Dios comenzó a hablar», recuerda. «Me preguntaba: "Robert, ¿con quién te has casado?". Y la única cosa que se me ocurría era el club del Jeep. Era obvio, pero nunca lo había visto antes: estaba casado con el club del Jeep, y estaba coqueteando con la iglesia».

En mi mensaje cité a John Stott, que dijo: «Si la iglesia es central en el propósito de Dios, como lo vemos tanto en la historia como en el evangelio, es seguro que también tiene que ser central en nuestras vidas. ¿Cómo podemos tomar con liviandad lo que Dios toma con tal seriedad? ¿Cómo nos atrevemos a empujar hacia el borde de la circunferencia lo que Dios ha ubicado en su centro?»

Recordando los últimos dos años, Robert vio que había empujado a la iglesia fuera de su vida. Había invertido mucho en el club del Jeep y muy poco en su iglesia local. Si en la tarde del domingo tenía programada una travesía en Jeep, durante el servicio de la iglesia miraba con ansiedad el reloj, preparado para salir apurado apenas terminara el sermón.

Y luego recordó ese sábado en que le pidieron que ayudara a limpiar la iglesia para una conferencia especial que habría en el edificio. «Dije que no», recuerda Robert. «Ni siquiera lo pensé dos veces. Les había prometido a los muchachos del club que les ayudaría a recoger la basura en un sendero donde se haría una travesía. En realidad, no sentía pasión ni por la iglesia ni por la gente de la iglesia», me dijo Robert. «Podía hacer cualquier cosa por los muchachos del club. Pero en realidad me costaba mucho si me pedían que diera de mi tiempo el fin de semana para servir a mi iglesia».

¿CUÁL ES SU CLUB?

¿Cómo se evidencia la pasión por la iglesia en la vida de alguien? No es difícil de imaginar. Usted y yo ya tenemos la respuesta. Ya sabemos con exactitud lo que implica sentir pasión por algo, porque todos tenemos nuestra propia versión del club del Jeep, algún interés profundo en nuestra vida. Puede ser un pasatiempo, un deporte, una carrera o un estudio. Puede ser la preocupación por la tecnología, por la salud, un partido político, una causa o una relación.

A veces las señales del compromiso apasionado están allí, pero todavía no las hemos visto.

Recuerdo haberme sentado junto a un hombre en un avión que estaba leyendo con atención una revista sobre trenes en miniatura. Me asombraba que pudiera encontrar algo de interés en un artículo largo que describía las ventajas y desventajas de las últimas vías para trenes de juguetes que habían aparecido en el mercado. *¡Vaya vida!*, pensé.

Pero entonces me di cuenta. Yo estaba suscrito no una, sino a dos revistas sobre computadoras Apple. Había pasado horas leyendo artículos sobre iPods, computadoras portátiles Macintosh, y los últimos programas de computación. *Quizá también yo tenga esa vida*, pensé.

Tómese un minuto para identificar su «club». Cuando lo haga, hay posibilidades de que vea un patrón de lo que es la pasión en su vida. Su pasión consiste en aquello de lo que usted habla, en lo que piensa, lo que sueña. Es ese algo a lo que dedica su tiempo sin quejarse. Es donde encuentra su identidad. Es eso por lo que está dispuesto a hacer sacrificios.

UN PERFIL DEL COMPROMISO

No es de sorprender que el Nuevo Testamento nos dé una enseñanza clara y útil sobre lo que significa involucrarse de forma apasionada con una iglesia local. Veamos qué es lo que usted y yo debemos hacer para comprometer a Cristo el perfil de nuestras vidas:

1. Únase.

Así como ocurrió con Roberto y su club del Jeep, cuando sentimos pasión por algo queremos unirnos a ello. Queremos pertenecer, ser identificados como miembros. De la misma manera, no basta con solo ir la iglesia o a distintas iglesias en su área. Necesita unirse a una de forma oficial, ser miembro, para que los pastores y los demás en la congregación sepan que usted forma parte del equipo.

Hebreos 13:17 urge a los cristianos a obedecer a sus líderes, recibiendo entonces los beneficios espirituales que vienen de tener pastores que se ocupan de nuestras almas. Pero no podemos hacer esto bien si no nos hemos unido a una iglesia. Ser miembro de una iglesia nos da una responsabilidad específica, interés, aliento y liderazgo.

Una vez que se haya unido a una iglesia, eche raíces. Una de las actitudes comunes hacia la iglesia es: «Estoy aquí... a prueba... al menos durante un tiempo... creo». Sin embargo, esto impide a las personas experimentar en realidad la iglesia. Es mucho mejor para usted y su iglesia cuando declara: «Estoy aquí, pongo todo de mí, y confío mi futuro a Dios».

El mártir cristiano Jim Elliot dijo una vez: «Donde sea que estés, todo tu ser tiene que estar allí. Vive a pleno toda situación que creas que es voluntad de Dios». Adopte este tipo de pensamiento hacia su iglesia local. Esté allí por completo, con su corazón.

2. Haga de la iglesia local su prioridad.

Construimos nuestras vidas alrededor de nuestras prioridades. Construir su vida alrededor de la iglesia significa hacer de ella el tipo de prioridad *alrededor* de la cual fluyen los intereses secundarios, sin superarla. Por desgracia, los intereses como el juego de fútbol del domingo, la temporada de casa, el esquí, dormir hasta tarde, o disfrutar del lindo clima, suelen ser para algunos intereses que se superponen a su participación en la iglesia.

Es fácil ver que la iglesia debiera ser más importante que el fútbol. Pero, ¿y si se trata de su empleo o de su barrio? ¿Es más importante para usted el empleo perfecto, la ciudad perfecta, el barrio perfecto, o la iglesia local? Muchas personas se mudan todo el tiempo buscando un clima mejor, un empleo mejor, sin siquiera pensar en su participación en la iglesia. Suponen: «Por supuesto que encontraré una buena iglesia cuando esté en ese lugar». No obstante, esto no siempre es tan fácil como parece.

Si Dios le ha bendecido con relaciones, responsabilidades y comunión en la iglesia donde usted está, le aliento a poner en oración la cuestión de algo tan importante como una mudanza.

Lo mismo sucede con la escuela secundaria, o con los alumnos universitarios que están eligiendo una universidad. Que la importancia de la iglesia para usted sea un factor en su decisión. Sé que todo esto es quizá una idea nueva (¡la iglesia local *no* es un factor que aparezca en la lista anual de las mejores escuelas en los Estados Unidos!). Pero si usted vive para la eternidad y le importa seguir a Dios, ¿por qué no habría de ser una prioridad la iglesia?

No digo que esté mal mudarse para estudiar en tal o cual escuela. Pero pienso que muchos estudiantes suponen que deben mudarse sin pensar en las implicaciones espirituales. Mi consejo es no irse lejos a una universidad, alejándose de una buena experiencia en la iglesia. Conozco estudiantes de mi iglesia que han elegido con cuidado una escuela en otro estado porque saben que en dicho lugar hay una iglesia local fuerte. Entonces buscan involucrarse allí. Muchos otros han elegido asistir a escuelas cercanas para poder quedarse en nuestra iglesia. Ambas pueden ser buenas opciones si la iglesia local sigue siendo una prioridad.

Ricky, que vive en El Paso, tenía dificultades con este tema. Decidir asistir a una escuela cerca de su casa para poder seguir concurriendo a la iglesia local donde su padre es pastor no le resultaba fácil. «Recibía pilas de cartas todos los días de universidades de todo el país, incluyendo escuelas como Cornell y Harvard», dice. «Pero luego vi que el lugar donde yo decidiera estudiar sería una imagen del resto de mi vida. ¿Sería mi carrera o mi familia en Cristo mi primera prioridad? Cuando pienso que uno solo estará en la tierra durante un corto tiempo, esto hace que en verdad quiera construir algo con mi vida, algo duradero», dice Ricky. «Para mí, elegir la escuela adecuada vino después de la elección de la iglesia adecuada».

3. Intente que el trabajo de su pastor sea de gozo.

Una parte importante del compromiso implica apoyar a sus pastores. Los cristianos a menudo oramos por buenos líderes, pero también debiéramos pedir a Dios que nos ayude a ser buenos seguidores. ¿Sabía que Dios nos dice que mantengamos en mente nuestro propio interés al ser el tipo de seguidores a los que da gozo liderar? Hebreos 13:17 dice:

> Obedeced a vuestros pastores, y sujetaos a ellos; porque ellos velan por vuestras almas, como quienes han de dar cuenta; para que lo hagan con alegría, y no quejándose, porque esto no os es provechoso.

Este pasaje nos recuerda que los pastores rendirán cuentas ante Dios por el modo en que se ocuparon de las personas en sus iglesias. Es un recordatorio de que nadie podrá salirse con la suya con autoritarismo o falsas enseñanzas que guíen mal a las personas. Pero también nos llama a someternos a los líderes que nos ayudan a que maduremos en la fe. En realidad, nos dice que seamos el tipo de miembros de la iglesia que hagan que la tarea de nuestros pastores sea algo que disfruten.

¿Cómo podemos hacer esto? Primero, al aceptar, obedecer y amar la Palabra de Dios como individuos. No hay nada que haga más feliz a un pastor que ver a un miembro de su iglesia creciendo en los caminos de Dios.

Y también proteger a su pastor orando por él y negándose a extender rumores en su contra. El liderazgo no es cosa fácil. Es mucho más sencillo criticar el trabajo que alguien está haciendo para liderar. Así que no critique a su pastor; ore por él y encuentre maneras de alentarlo. Si otras personas lo critican, o esparcen rumores, enfréntelas y niéguese a participar. Cuando haga de la tarea de su pastor algo de gozo, usted se beneficiará espiritualmente.

4. Encuentre modos de servir.

Servir es dar de sí mismo —su energía, su tiempo, sus dones— para algo aparte de usted mismo. En 1 Pedro 4:10

se nos dice: «Cada uno según el don que ha recibido, minístrelo a los otros, como buenos administradores de la multiforme gracia de Dios».

Servir es el camino más rápido para lograr un sentido de pertenencia en su iglesia. Es también la mejor manera de construir relaciones. El ser miembro de una iglesia no implica que haya que ser solo espectador. Ninguna de las partes del cuerpo puede meramente remitirse a observar la tarea de las demás partes. Debe contribuir. La iglesia, «según la actividad propia de cada miembro, recibe su crecimiento para ir edificándose en amor» (Efesios 4:16).

Hace poco visité una iglesia en Georgia, y así conocí a Brad. Me enteré de que trabajaba como voluntario en el equipo de video de la iglesia. Tenía mucho talento. Había escrito un programa de computadora que su iglesia utilizaba para producir sus videos. Como voluntario trabajaba varias veces al mes y ayudaba capacitando a otras personas. Daba de su tiempo, energía y dinero para contribuir a la misión de su iglesia. Al formularle algunas preguntas descubrí que también era propietario de una exitosa compañía de tecnología: «Me gusta mucho mi trabajo», me dijo. «Pero servir a la iglesia es mi pasión».

Brad personifica la actitud que creo que Dios quiere que todos los cristianos tengamos. Podemos trabajar en miles de campos diferentes. Podemos tener miles de intereses distintos. Pero independientemente de lo que hagamos para ganarnos la vida, ya sea como plomeros, políticos o ejecutivos, estamos llamados a entregar todo nuestro ser a la familia de nuestra iglesia. En lugar de hacerlo casi como un agregado, invertir nuestra capacidad para honrar y glorificar a Dios en nuestra iglesia debiera ser lo primero.

Me parece que estamos equivocados en cuanto a esto cuando pensamos en nuestros dones como en algo con lo que nacimos, o como destrezas que adquirimos (y que por eso son nuestras) porque estudiamos o nos esforzamos por obtenerlas. En verdad, todos nuestros dones, talentos y experiencias los recibimos de la buena mano de Dios. «¿Qué tienes que no hayas recibido?», escribe Pablo (1 Corintios 4:7).

El discípulo apasionado siempre está preguntando: «¿Qué puedo hacer para servir a Dios y a los demás con lo que Él me ha dado de forma tan generosa?». Pablo dice en Romanos 12:4-6 que en la iglesia local nuestros dones son de mutua pertenencia.

> Pues así como cada uno de nosotros tiene un solo cuerpo con muchos miembros, y no todos estos miembros desempeñan la misma función, también nosotros, siendo muchos, formamos un solo cuerpo en Cristo, *y cada miembro está unido a todos los demás*. Tenemos dones diferentes, según la gracia que se nos ha dado. (NVI)

No debemos ser mezquinos con nuestros dones en la iglesia. No debemos siquiera esperar a que nos pidan que los ejercitemos. En cambio, debemos presentar con humildad nuestros dones a nuestros líderes y ofrecernos a servir para cubrir las necesidades del cuerpo entero de la manera que sea más útil.

5. Dé.

El dinero es un retorno tangible de lo que hemos invertido de nosotros mismos en tiempo, capacidad, decisiones y otros recursos personales. Así que para el cristiano dar dinero es una expresión muy significativa de la adoración. Es una manera de ofrecer nuestras vidas a Dios. Cuando damos el diezmo (el diez por ciento de nuestros ingresos) y contribuimos con dinero en diversas formas en nuestra iglesia local, le estamos diciendo a Dios que confiamos en Él y que reconocemos que todo lo que tenemos le pertenece. Dios retó a los israelitas:

> Traed todos los diezmos al alfolí y haya alimento en mi casa; y probadme ahora en esto, dice Jehová de los ejércitos, si no os abriré las ventanas de los cielos, y derramaré sobre vosotros bendición hasta que sobreabunde. (Malaquías 3:10)

Existen muchas maravillosas y valiosas oportunidades de ministerio en todo el mundo. Pero ya que la iglesia local es el lugar donde nos nutrimos espiritualmente, debiera ser el primer lugar donde invertir nuestras finanzas. Si usted jamás ha dado el paso de obedecer a Dios a través de dar dinero con fidelidad, permítame urgirle a comenzar esa aventura hoy mismo. Dios le dará nuevo gozo cuando confíe en Él para dirigir su economía. ¡En Mateo 6:19-20, Jesús promete que todo lo que le demos se convierte en un tesoro y una recompensa en el cielo que jamás se esfumarán! (Para obtener más guía sobre el dar le recomiendo *El principio del tesoro*, escrito por mi amigo Randy Alcorn [Editorial Unilit, Miami, Fl, 2002]).

6. Conectarse con las personas.

La pasión por la iglesia implica sumergirse en la comunidad de la iglesia local. Significa «vivir» con otros cristianos formando relaciones que se extiendan más allá del edificio de la iglesia y de las funciones oficiales de la misma.

La palabra del Nuevo Testamento para esta experiencia es *comunión*. Nos hemos acostumbrado tanto a la palabra que ya ha perdido su significado y poder. La comunión no se trata solo de dos o más personas en una misma habitación. «La comunión es una experiencia relacional cristiana muy singular», escribe mi amigo y compañero pastor John Loftness. «La comunión es participar juntos en la vida y verdad hechas posibles por el Espíritu Santo a través de nuestra unión con Cristo. La comunión es compartir algo en común en el más profundo nivel posible de las relaciones humanas... nuestra experiencia de Dios mismo».

La comunión significa pertenecer los unos a los otros. El Nuevo Testamento está lleno de instrucciones sobre lo que significa para nosotros pertenecer los unos a los otros. ¿Ha observado los mandamientos en las Escrituras que mencionan «los unos a los otros»? Aquí enumero aquello que estamos llamados a hacer en nuestras relaciones con otros cristianos. Hemos de:

- Amarnos los unos a los otros (Juan 13:34).
- Dedicarnos los unos a los otros (Romanos 12:5).
- Honrarnos los unos a los otros (Romanos 12:10).
- Regocijarnos los unos con los otros (Romanos 12:15).
- Servirnos los unos a los otros (Gálatas 5:13).
- Ayudarnos los unos a los otros a llevar nuestras cargas (Gálatas 6:2).
- Perdonarnos los unos a los otros (Efesios 4:32).
- Alentarnos los unos a los otros (1 Tesalonicenses 5:11).
- Ofrecernos hospitalidad los unos a los otros (1 Pedro 4:9).

- Confesar nuestros pecados los unos a los otros (Santiago 5:16).
- Orar los unos por los otros (Santiago 5:16).

Todo mandamiento de «los unos a los otros» muestra que la iglesia no trata simplemente acerca de programas o reuniones, sino de vida compartida. Su iglesia puede tener entornos de grupos reducidos que faciliten la amistad. Pero aun si no es así, usted puede buscar las relaciones. Comience por darse a los demás. Ofrezca hospitalidad. Encuentre maneras prácticas de servir a otros. No espere a que alguien más dé el primer paso. Tome la iniciativa e invítelos a su vida.

La oportunidad de compartir la vida con otros cristianos y experimentar este tipo de comunión es una de las partes más excitantes de ser un miembro comprometido de una iglesia local. Pero se requiere esfuerzo y trabajo duro. Tenemos que buscar con diligencia.

Al extenderse hacia los demás no se limite solo a las personas que se parecen a usted. La belleza de la iglesia local es la oportunidad que tenemos de acercarnos a personas con culturas y trayectorias diferentes por completo. Así que si es usted soltero, desarrolle su amistad con matrimonios y familias. Si es una persona mayor, busque la oportunidad de hacer amistad con personas más jóvenes. No permita que la edad, la raza o ningún otro factor lo distancien de los demás hermanos y hermanas en Cristo.

7. Exprese su pasión.

¿Alguna vez ha observado que las personas capturadas por una idea o producto casi instintivamente tratan de hacer que otras personas también se entusiasmen acerca de ello? De la misma manera, cuando usted está transformado por el evangelio y siente pasión por la iglesia, quiere que otros sientan su gozo. La pasión es algo que rebosa. No se puede contener.

Involucrarse con pasión con una iglesia local jamás debe verse como una forma de escapar del mundo. Como ya he dicho, la iglesia local es el medio primario de Dios para alcanzar al mundo. Por eso una tarea importante de la misma consiste en expresar su preocupación por los perdidos. Busque maneras en que pueda dar de forma creativa, natural y gozosa, y llegar con entusiasmo a quienes todavía no conocen a Cristo de manera personal.

USTED PUEDE FLORECER

Como es de esperar, las formas en que exprese su compromiso en una iglesia local son también elementos esenciales para florecer allí. Esto vale también para los cristianos nuevos.

Mi esposa, Shannon, fue salva un año después de terminar la universidad. Para ella todo en el cristianismo era nuevo. No había crecido cantando himnos de niña ni viendo imágenes de historias bíblicas en pizarras de felpa. ¡No podía distinguir a Jonás de Adán! Era como una tierna plantita que acaba de asomar, necesitada de alimento, sin un sólido sistema de raíces de dónde obtener sustento.

Conocí a Shannon tres años después de que Dios la salvara. La joven de quien me enamoré tenía pasión por su Salvador, una humildad y un entendimiento de la gracia que casi no se correspondían con su corta historia como cristiana. La semilla espiritual había crecido rápidamente para convertirse en un fuerte retoño.

¿Qué fue lo que posibilitó que Shannon floreciera en su fe en tan breve período de tiempo? Fue la gracia de Dios en su vida. Sin embargo, creo que una pieza clave fue su pasión y participación en la iglesia local.

Shannon echó raíces en la iglesia local, aun cuando esto significó pagar un precio. Debió dejar de lado sus planes de mudarse a Nashville para seguir una carrera de música, y se quedó y maduró en la comunidad de creyentes a la que había llegado a amar. Shannon se zambulló en la vida de la iglesia. No iba solo los domingos, sino que aprovechaba toda oportunidad de estar con los cristianos más fuertes y aprender de ellos. Participaba en un grupo pequeño y allí formó amistades sólidas. Se mudó de la casa de su padre a cuarenta minutos de distancia al departamento de una familia de la iglesia que vivía mucho más cerca. Cuidaba niños de las personas de la congregación. Viajó como misionera. Y todos los viernes cantaba con el grupo de adoración de la universidad.

Los diarios de Shannon de esa época están llenos de anotaciones de sermones del domingo, de reflexiones sobre su estudio bíblico personal, de oraciones por sus amigas en el grupo, y de sus propias peticiones a Dios. Lo que se evidencia en cada página es que la familia de Dios era su nueva pasión. Y demostraba esa pasión con acciones.

Obtenga una vida real

¿Recuerda a Robert y su Jeep? Luego de la conferencia en que escuchó el desafío de dejar de coquetear con la iglesia resolvió cambiar su vida. El día que regresó a su casa entró en el sitio de Internet del club del Jeep e ingresó un mensaje final para el grupo. «Expliqué que ya no sería miembro del club», dijo Robert con felicidad. «Anuncié que me divorciaría del club del Jeep para casarme con la iglesia».

Hoy Robert sigue hablando de su Jeep. Pero si quiere verlo en realidad entusiasmado, pregúntele sobre su iglesia. Hay pasión en su voz cuando habla de ella. «La iglesia no es solo una opción para mí», dice. «Es una línea de vida. Es algo que en verdad quiero. Que espero con ansias... como sucedía con las travesías. Me entusiasma ir a la iglesia y servir. Y estoy feliz de decir que sigo casado con la iglesia», añade Robert con orgullo. «Por cierto, acabo de celebrar ni primer aniversario».

Capítulo 5

Cómo elegir
su iglesia

Las diez cosas que más importan

La primera vez que Curtis vio a la congregación de nuestra iglesia no sintió demasiado entusiasmo. «Como hombre de color, siempre había disfrutado del consuelo de las iglesias segregacionistas», me dijo Curtis más tarde. «Cuando entré allí, toda esta gente estaba cantando con sus manos alzadas hacia Dios». Curtis hizo una pausa y sonrió. «¡Hombre, había tantas manos blancas allí que pensé que estaba nevando!»

A pesar de sus reservas, Curtis se quedó en la reunión. Y también volvió al siguiente domingo. Se sentía atraído por las enseñanzas y la profundidad de la fe que veía en los demás solteros de la iglesia. Decidió quedarse y formar parte de esta comunidad.

No fue fácil decidirse. «Nunca me había cruzado por la mente la idea de ir a una iglesia en la que predominaran las personas blancas», comenta. «En este país, si eres negro, con toda la historia de racismo, además de conocer a Jesús como Salvador, siempre sigues siendo negro. Esto te define. Sin embargo, Dios me mostró que yo era primero cristiano y después negro. El evangelio tenía que definirme. Estar en un lugar que predicaba y vivía el evangelio tenía que ser la prioridad».

LO QUE MÁS IMPORTA

Si está listo para decidir a qué iglesia ir —o no está seguro si la iglesia a la que asiste es donde Dios quiere que esté— encontrará que la elección resulta difícil. Hay mucho en juego. La mayoría de nosotros tenemos muchas opciones. Y la mayoría de nosotros también tenemos muchas preferencias.

¿Cómo decidir entonces qué es lo que más importa?

La sabiduría que necesita para elegir una iglesia se parece a la sabiduría que necesita una persona para escoger su cónyuge. Por ejemplo, no está mal que una mujer llegue a casarse con un hombre a quien le gusta caminar y comer comida italiana. Pero sería tonto poner estas preferencias por encima de la prioridad de que sea un hombre en verdad convertido y que crece en los caminos de Dios. De la misma manera, no está mal tener una iglesia con muchas personas de su edad o preferir un determinado estilo de música de adoración, pero estos son asuntos secundarios.

El ejemplo de Curtis es útil. Eligió una iglesia basándose en los criterios que da la Palabra de Dios, no solo según sus preferencias o lo que se sintiera familiar o cómodo para él.

De la misma manera, necesitamos dos listas diferentes cuando se trata de elegir una iglesia, una lista de cosas «indispensables» y otra lista de cualidades «deseables» en la iglesia.

En este capítulo quiero ayudarle con su lista de «indispensables».

Diez preguntas importantes

Use estas diez preguntas para ayudarse a explorar y entender a la iglesia que tiene en mente. Funcionan tanto si ha estado allí durante dos semanas o diez años. Esta lista no es exhaustiva, y algunas de las preguntas tomarán cierto tiempo para poder responderlas. Sin embargo, pueden ayudarle a discernir los temas que más importan.

1. ¿Es esta una iglesia donde se enseña con fidelidad la Palabra de Dios?

«El tipo de iglesia a la que usted quiere pertenecer», escribe Donald Whitney, «es aquella en la que cuando se lee la Biblia al comienzo del sermón uno puede confiar en que lo que sigue estará basado en la Palabra. Dios creó nuestros corazones, y solo Él conoce qué es lo que más necesitamos. Y creó nuestros corazones para recibir la Palabra de Dios. Nada nos nutre tanto como su mensaje».

La iglesia que glorifica a Dios está gobernada por la Palabra de Dios. Pablo nos dice en 2 Timoteo 3:16 que «toda la Escritura es inspirada por Dios, y útil para enseñar, para redargüir, para corregir, para instruir en justicia».

Tenga cuidado. A primera vista la mayoría de las iglesias parecerán enseñar la Palabra de Dios. La verá impresa en el boletín, escrita sobre las paredes o salpicada a lo largo de los servicios. No obstante, estas referencias a las Escrituras no implican necesariamente que la iglesia esté sometida a la Palabra de Dios.

Algunos maestros comienzan sus mensajes con la Biblia, pero esto es solo un trampolín para expresar sus propias ideas personales. ¡Yo debiera saberlo bien, pues solía ser de ese tipo de maestros! Acostumbraba construir mensajes entretenidos alrededor de ilustraciones, opiniones o ideas propias. Siempre condimentaba mis mensajes con pasajes de la Biblia. Sin embargo, las Escrituras no eran la carne del plato, sino solo el condimento.

Desde entonces, en su misericordia, Dios me ha ayudado a crecer en mi entendimiento de lo que es predicar con fidelidad. He aprendido que lo mejor que puedo hacer por mi iglesia es construir un mensaje sobre la enseñanza de un pasaje de las Escrituras en particular, poner el énfasis en los puntos en los que pone el énfasis el pasaje. Este modo de predicar, a menudo llamado de exposición, puede expresarse a través de muchas personalidades diferentes y estilos de presentación (¡y no hace falta emplear sermones largos, difíciles, o aburridos!). El principio rector es que la Palabra de Dios es la autoridad. La tarea del predicador se remite simplemente a dar rienda suelta a lo que las Escrituras tienen para decir al pueblo de Dios.

Así que su primera prioridad es buscar una iglesia cuya enseñanza se rija por la confianza en la autoridad de las Escrituras.

2. ¿Es esta una iglesia donde importa la sana doctrina?

En Hechos 2:42 se nos dice que los primeros creyentes «perseveraban en la doctrina de los apóstoles». Hoy tenemos dicha doctrina en la Biblia. *Doctrina* puede sonar como una palabra que intimida. Sin embargo, significa simplemente lo que la Biblia enseña sobre un tema determinado.

Por eso, la iglesia en donde la doctrina importa es la que valora la verdad bíblica, la que conoce aquello en lo que cree, y la que se guía por esta creencia en su funcionamiento.

La sana doctrina siempre está en la mira de los ataques. Pablo nos dice en 2 Timoteo 4:3-4 que «vendrá tiempo cuando no sufrirán la sana doctrina, sino que teniendo comezón de oír, se amontonarán maestros conforme a sus propias concupiscencias, y apartarán de la verdad el oído y se volverán a las fábulas».

En estos días a menudo la sana doctrina es objeto de burlas de parte de personas que la ven como algo innecesario y causante de divisiones para vivir la vida cristiana. Algunas personas hacen alarde de no preocuparse por los detalles específicos en cuanto a lo que creen sobre la salvación, el pecado, la obra del Espíritu y otros temas doctrinales. Un amigo que asistía a una gran conferencia para obreros de la juventud me dijo que el anfitrión inició la actividad subiendo al escenario y declarando: «¡No se trata de la doctrina! ¡Se trata de Jesús!».

Creo que esta es una afirmación triste, y que no guía por el camino adecuado. No tenemos que elegir entre la importancia de la doctrina y el amor a Jesús. Las dos búsquedas no se oponen. ¡En realidad son inseparables! Solo podemos crecer en amor por nuestro Salvador en tanto aprendamos más acerca de quién es y lo que ha logrado por nosotros. Que nos importe la verdad no nos aparta de una relación más profunda con Jesús. Nos acerca a Él, en mayor adoración y obediencia.

Estoy de acuerdo en que uno puede encontrar iglesias que sostienen su posición doctrinaria con arrogancia y sin sabiduría. También hay iglesias que utilizan puntos secundarios de la doctrina como camino a la exclusividad, o para ser condescendientes con las personas que están en desacuerdo con ellos. Espero que nunca caiga en este tipo de actitud. Podemos amar la verdad profundamente sin volvernos orgullosos y faltos de bondad.

Busque una iglesia que conozca y defina con claridad aquello en lo que cree, un lugar donde la declaración de fe de veras marque una diferencia. Si tal iglesia es donde usted se siente como en su hogar, podrá estar de acuerdo con esta afirmación sobre las doctrinas principales.

Si está buscando un material que le guíe en su estudio bíblico sobre la doctrina, le recomiendo *Bible Doctrine*, escrito por Wayne Grudem. Este libro cubre todas las doctrinas principales —con respecto a Dios, al hombre, a Cristo, a la salvación— en una manera fácil de entender. Shannon, que lo utiliza con frecuencia en sus devocionales, ha encontrado que las enseñanzas de Grudem infunden en su corazón el amor por su Padre celestial. Una herramienta como esta puede también aclarar sus propias convicciones doctrinales mientras busca una iglesia.

3. ¿Es esta una iglesia donde se atesora y proclama con claridad el evangelio?

El evangelio es la Buena Nueva de la vida perfecta de Jesucristo, de su muerte en sacrificio por los pecadores, y de su gloriosa resurrección y ascensión. Es la historia que está implícita en toda la Palabra de Dios... un Dios santo y misericordioso que ha abierto el camino para que los pecadores encuentren el perdón y sean aceptados a través de la cruz de Cristo.

Crecí en un hogar cristiano, pero durante muchos años de mi vida el evangelio no estaba en el centro de mi enfoque. En realidad, todo estaba bastante confuso. Yo sabía que Jesús me amaba. Sabía que Él quería una relación personal conmigo. Sabía que deseaba que yo fuera una buena persona.

No fue sino hasta que Dios me trajo a una iglesia que atesoraba y proclamaba con claridad el evangelio que aprendí cómo la obra de Cristo por mí obraba de forma práctica en mi vida cristiana diaria. Podía relacionarme con Dios solo sobre la base de su gracia. Mis buenas obras no me hacían merecer una posición ante Dios; Jesús la había ganado. Yo no era un tipo digno de ser querido que necesitaba una relación personal, sino un pecador que necesitaba ser rescatado de la justa ira de Dios por medio de la muerte de Jesús. Enfocado en esta dulce verdad, la gracia fue en verdad asombrosa. Me ayudó en mis dificultades contra el pecado. Me ayudó a tener la disposición de perdonar a otros.

En cuanto a la elección de una iglesia, Charles Spurgeon dijo una vez:

> No vayas donde haya linda música, buena conversación y bella arquitectura; estas cosas no llenan ni el estómago ni el alma. Ve donde se predique el evangelio, el evangelio que en verdad alimenta tu alma, y ve con frecuencia.

C. J. Mahaney, el pastor y amigo que me ha entrenado en el ministerio, me enseñó que la primacía del evangelio ha de estar en mi vida personal y en mi liderazgo de la iglesia local. Me enseñó que el evangelio no es solo para salvarnos, sino la realidad que nos define cómo debemos vivir cada día de nuestras vidas. Por eso recomiendo su libro *La vida cruzcéntrica* que le ayudará a entender lo que significa atesorar y vivir el evangelio.

Y para encontrar ayuda en cuanto a entender cómo el enfoque en la cruz da forma a nuestra manera de ejercer el ministerio, le recomiendo leer el excelente libro de D. A. Carson, *The Cross and Christian Ministry*.

4. ¿Es esta una iglesia comprometida a llegar a los no cristianos con el evangelio?

Jesús comisionó a todos sus seguidores a ir y hacer discípulos (véase Mateo 28:18-20). Así que, haga que sea una prioridad buscar una iglesia que no solo celebre el evangelio, sino que también se extienda a los no salvos en la comunidad con estas mismas Buenas Nuevas.

Sin un énfasis en la evangelización, una iglesia se vuelve egoísta y cerrada en sí misma. Algunas iglesias pueden llegar a preocuparse tanto por ser importantes en la cultura que les rodea que pierden todo rasgo distintivo. Sin embargo, el claro mensaje del evangelio jamás debe alterarse para que sea más fácil de vender. Las personas separadas de Dios por su pecado no se benefician cuando la iglesia pone su relevancia por encima de su misión de proclamar el evangelio con fidelidad.

5. ¿Es esta una iglesia cuyos líderes se caracterizan por la humildad y la integridad?

Cuando cumplí veintiún años, mi padre me escribió una carta especial en la que me alentaba a encontrar hombres a quienes quisiera parecerme. «Entonces siéntate a sus pies y aprende de ellos», decía. Este es un buen consejo. No hay pastor perfecto, pero cuando se trata de evaluar a los líderes de una iglesia, uno quiere encontrar hombres en quien se pueda confiar y cuyo ejemplo podamos siempre seguir.

En 1 Timoteo 3 se enumeran las calificaciones de los pastores: El líder de la iglesia debe ser un hombre que esté por encima del reproche, con dominio de sí mismo, con pensamientos sobrios, respetable, hospitalario, no violento sino gentil, que no busque pelea, que no sea amante del dinero. Observe que las calificaciones se relacionan en su mayoría con la calidad de su vida. Creo que ser pastor es una profesión de carácter. No hay destreza, capacidad de liderazgo o estrategias de comunicación que puedan reemplazar al carácter piadoso. Busque una iglesia donde el carácter personal sea más importante que el título, la posición o el éxito.

He encontrado que los líderes más eficientes se ven a sí mismos primero como siervos. Y los líderes con integridad siempre recuerdan que deben rendir cuentas. No se ven ellos mismos como inmunes al pecado, sino que construyen a su alrededor salvaguardas económicas, morales, y de toda otra categoría, para impedirse negociar. Se ven a sí mismos como siervos del Gran Pastor, y viven a la luz de su responsabilidad ante Él.

6. ¿Es esta una iglesia donde las personas se esfuerzan por vivir según la Palabra de Dios?

Ninguna iglesia puede afirmar que vive a la perfección según la Palabra de Dios. Lo que hemos de buscar en una iglesia es que intente no solo *creer* con justicia, sino también *vivir* con justicia. Es posible que una iglesia sea buena desde el punto de vista doctrinal, pero que tenga una cultura de total apatía cuando se trata de aplicar la verdad de la Palabra de Dios a la vida cotidiana.

Nuestra fe en Dios y nuestro deseo de honrarle con obediencia y santidad afectará todo lo que hagamos, desde el modo en que nos conducimos en el trabajo, hasta la manera en que les hablamos a los niños en casa. Si no es así, algo no está bien.

Esto significa que la iglesia que está buscando quiere construir una cultura y una comunidad que escuche y obedezca la Palabra de Dios (véase Santiago 1:22). No solo buscará ganar conversos, sino hacer discípulos ayudándoles a madurar en los caminos de Dios en todas las esferas de la vida.

7. ¿Es esta una iglesia donde puedo encontrar y cultivar relaciones según los caminos de Dios?

Todos necesitamos relaciones donde recibir aliento, afecto y responsabilidad. Y estar conectados con otros cristianos es una parte esencial de vivir en acción la Palabra de Dios.

¿Esta iglesia ofrece un entorno donde puede disfrutar de comunión bíblica, de aliento mutuo y de la aplicación de las Escrituras? Tal cosa se verá de manera diferente en las distintas iglesias: algunas tienen estructuras oficiales como los grupos pequeños y otras no, sin embargo, alcanzan el mismo propósito a través de otros medios. Lo que importa es que haya relaciones que sigan los caminos de Dios. Y por supuesto, este tipo de relaciones suele requerir tiempo para poder desarrollarse.

Por último, piense si podrá invertir de forma adecuada en las oportunidades de relación que la iglesia ofrece. No importa cuán buena sea la iglesia, si usted vive a dos horas de distancia se verá muy limitado en su capacidad de llegar a ser parte significativa de la comunidad. La iglesia local que elija debe ser de veras *local*.

8. ¿Es esta una iglesia en la que se desafía a los miembros a servir?

No se espera que los pastores sean profesionales pagados que ministran en reemplazo de sus miembros. Efesios 4:12 nos dice que los pastores han de «*perfeccionar a los santos para la obra del ministerio*, para la edificación del cuerpo de Cristo». Esto significa buscar una iglesia que guíe a sus miembros a servir y ministrar, y luego les presente el desafío de hacerlo.

Quiero advertirle sobre cómo aplicar este criterio. He conocido personas que evalúan las oportunidades para servir de manera muy egoísta. Por ejemplo, están motivadas para servir pero solo del modo que prefieran hacerlo. Si usted no les presenta la oportunidad, se irán. Cuando uno piensa en esto tal actitud es cómica: el verdadero servicio significa dar con gozo para cubrir las verdaderas necesidades de otros... ¡y es probable que la necesidad más importante no sea la necesidad del servidor de servir de manera determinada!

Mi consejo entonces es que se asegure de no estar evaluando una iglesia principalmente por su capacidad como escenario para demostrar sus talentos. Busque un lugar que le presente el desafío de tener un interés genuino por las necesidades de los demás. Luego prepárese para hacer lo que haga falta para satisfacer dichas necesidades.

9. ¿Es esta una iglesia que está dispuesta a echarme fuera?

Esta prioridad puede sonar anticuada. Pero contiene una verdad importante. Cuando una persona que afirma ser cristiana vive de manera que está en rotunda contradicción con todo lo que significa ser un discípulo de Cristo, la fiel responsabilidad de la iglesia es iniciar el proceso de remover a esta persona de la congregación y de tratarla como un no creyente con la esperanza de que se arrepienta y luego se restaure (véase 1 Corintios 5; 2 Corintios 2).

Esto no es rudo o abrupto. Se llama disciplina de la iglesia y fue instituida por Jesús (véase Mateo 18).

¿Por qué habría de entusiasmarme la idea de una posible expulsión de la iglesia? Obtengo una maravillosa sensación de protección al saber que si cometo un pecado escandaloso y no muestro arrepentimiento mi iglesia no va a aceptarlo. Me pedirán que cambie. Con paciencia me guiarán en la Palabra de Dios. Y al final, si me niego a cambiar, con amor me expulsarán.

Recuerde que el propósito de la disciplina de la iglesia es primeramente restaurar. Hace cuatrocientos años Menno Simons escribió: «No queremos expulsar a nadie sino recibirlos; no amputar sino sanar; no descartar sino ganar; no apenar sino consolar; no condenar sino salvar». Así que la disciplina de la iglesia es una expresión de amor. Es un modo de intentar restaurar a un hermano pecador y también una forma de proteger el testimonio de la iglesia.

Después de todo, el poder de una iglesia en una comunidad comienza por su ejemplo. Nuestra generación sabe muy bien que la hipocresía destruye el testimonio de la iglesia y desacredita su mensaje. La iglesia comprometida a glorificar a Dios y llegar al mundo perdido no solamente tendrá miembros, sino que además definirá de forma notoria lo que se requiere de sus miembros. Tendrá la capacidad de responder con claridad a quien pregunte qué es en verdad formar parte de la iglesia y qué cosa no lo es.

Así que busque una iglesia que no solo le dé la bienvenida a su membresía, sino que con amor le haga mantener su compromiso como cristiano. Una iglesia que le ame lo suficiente como para sacarlo de la comunidad por el bien de su alma.

10. ¿Es esta una iglesia a la que me quiero unir «así como es», con entusiasmo y fe en Dios?

A menudo he aconsejado a hombres y mujeres no casarse con alguien si su plan tácito implica transformarlos en «la persona que debieran ser». Pregúntele esto a cualquier persona que haya estado casada durante más de un año. Simplemente, no da resultado.

En su búsqueda de una iglesia, pregúntese: «¿Puedo seguir con gozo y a plenitud a los líderes de esta iglesia, sus enseñanzas, y el rumbo que han marcado?».

Por favor, no se integre a una iglesia porque cree que Dios lo ha llamado para transformarla. Reconozca con humildad que tiene que lidiar con sus propios pecados y que no podrá tener éxito si se designa a sí mismo como líder.

Encuentre una iglesia que despierte su entusiasmo. Por supuesto, querrá que su iglesia crezca y mejore (¡al igual que espera hacerlo usted mismo!). Pero si esta es la iglesia para usted, deberá estar dispuesto a unirse a ella «así como es», es decir, unirse a ella con fe en que Dios está obrando. Deje sus quejas y reservas en la puerta. Esas actitudes solo lograrán minimizar su experiencia, limitar su participación y debilitar la unidad de la iglesia.

Su actitud importa

Permítame invitarle no solo a formular las preguntas adecuadas acerca de las iglesias que visita, sino a preguntar con buena actitud. Acérquese a cada iglesia que visita con humildad. Ore por cada una de ellas. Pida a Dios que le ayude a ver lo bueno en cada iglesia. Aun si no es la iglesia adecuada para usted, recuerde cuánto ama Dios la obra de una iglesia aunque se cumpla de manera imperfecta.

Y no se acostumbre a saltar de iglesia en iglesia. Haga el esfuerzo por encontrar una buena iglesia lo antes posible. Si lo confunden los muchos aspectos, resúmalos en tres cosas:

- Querrá una iglesia que *enseñe* la Palabra de Dios.
- Querrá una iglesia que *valore* la Palabra de Dios.
- Querrá una iglesia que *viva* la Palabra de Dios.

Estas cosas son no negociables.

No encontrará ninguna iglesia que cumpla a la perfección con todas las calificaciones que hemos mencionado (¡por cierto, tampoco encontrará que mi iglesia es «perfecta»!). Pero no se desanime. Sí existen iglesias comprometidas a crecer como debe ser. Allí están. No están confinadas a una denominación ni a un estilo de adoración. Dios está obrando en todo el mundo. Y estas iglesias necesitan hombres y mujeres comprometidos y sin egoísmos que se unan a ellas en su misión por Cristo.

SITUACIONES DIFÍCILES

Fue difícil para mí escribir este capítulo. No quiero que nadie, y menos un compañero pastor, piense que me erijo en juez de otras iglesias. Al mismo tiempo, los elementos fundamentales que hemos explorado son bíblicos y en verdad importantes. Si faltan por completo la iglesia no es solo imperfecta sino desobediente, y deshonra a Dios.

El triste hecho es que hay malas iglesias. Son iglesias que han abandonado la autoridad de la Palabra de Dios o que la aplican de forma selectiva. Son iglesias negligentes con respecto al evangelio, o que le han agregado cosas, o lo han distorsionado.

Me apena decirlo, pero hay algunas iglesias que le recomiendo abandonar. Quiero decir esto con claridad porque lo último que quiero es que se use este libro para convencer a cualquier persona de que permanezca en una iglesia inadecuada. Somos llamados a comprometernos con la iglesia. Pero a veces ese compromiso implica dejar una iglesia no bíblica.

¿Qué debería hacer si está en una iglesia inadecuada y necesita dejarla?

Le aconsejo que su prioridad sea retirarse con humildad y con la disposición de ser útil. Niéguese a ser parte de los rumores y chismes sobre los miembros o líderes de la iglesia. Si usted es miembro, comunique su preocupación al pastor, así como sus puntos de desacuerdo. Busque la forma de señalar ejemplos de gracia para alentarlos. Pida oír sus opiniones. Su objetivo tiene que ser el de dejar la iglesia de manera que honre a Dios.

¿Qué sucede si no hay buenas iglesias que estén cerca?

Primero, ore que Dios fortalezca y purifique las iglesias en su área. Y no permita que su situación sea una excusa para no participar. Encuentre la mejor iglesia que pueda, y luego entréguese a aprender y servir allí. Repito, no se presente como el «anhelado factor de cambio». Sirva con humildad. Sirva a los líderes. Pida a Dios que le utilice.

Si todavía está en un entorno donde no siente que esté creciendo, quizá haya llegado el momento de mudarse a otro lugar para encontrar la iglesia local adecuada. Hay personas que se mudan por un empleo mejor pagado sin que nadie cuestione su decisión. ¿Por qué no habríamos de pensar en mudarnos para asistir a una iglesia local donde podamos cosechar beneficios espirituales invalorables y eternos?

No tome esto a la ligera. Es una decisión que requerirá de mucha paciencia, oración, consejo y consideración. Pero puedo decir a partir de mi experiencia personal que mudarse para encontrar la iglesia adecuada es algo que no lamentará haber hecho. En verdad, muchas de las personas que conozco que se han mudado para encontrar la iglesia adecuada solamente lamentan no haberlo hecho antes.

Si es imposible mudarse, entonces confíe en que Dios puede hacerle crecer y utilizarlo allí donde está. Participe en la mejor iglesia que pueda encontrar; luego, si es necesario, supla su dieta espiritual con sermones bíblicos de otras fuentes: de la Internet o grabados. Lea buenos libros de teología como los que he recomendado en este capítulo.

LOS MEJORES DÍAS DE SU VIDA

Y no claudique. Vale la pena esperar por una buena iglesia, vale la pena orar y buscar. Dios es fiel. Le brindará la mejor iglesia para usted a su tiempo perfecto.

Cuando Dios le haga entrar en la familia de la iglesia que Él tiene para usted, ore sobre lo que ha recibido... y no lo deje. Porque al fin ha encontrado el lugar donde usted y su familia disfrutarán de los mejores días de su vida.

De esto trata el siguiente capítulo.

RESCATE EL DOMINGO

*Cómo aprovechar al máximo
el mejor día de la semana*

L os domingos los cristianos van a la iglesia. Todo el
mundo lo sabe. Quizá la asistencia a la iglesia alrededor del mundo sea menor en estos días, pero
para una buena cantidad de personas sigue siendo algo
que hacen. Es un hábito, como dormir, respirar... y todo
lo demás que hacemos sin pensar en ello.

Y supongo que este es el problema. Podríamos hacerlo aun dormidos. Y así es en algunos casos.

Creo que he estado en más de mil quinientos servicios
de domingo. En demasiadas ocasiones, han sido domingos en que:

- Desperté muy tarde.
- Entre casi dormido a la iglesia.
- Adoré distraído.
- Escuché solo en ocasiones.
- Me fui temprano.
- Recordé muy poco.

Sin embargo, esos domingos no tienen demasiado sabor espiritual, ¿verdad? Al mirar en retrospectiva me doy cuenta de lo mucho que podría haber ganado si mis domingos hubieran estado planificados de antemano, si los hubiera disfrutado a plenitud, con vigor y propósito. Porque en verdad, el domingo para un hijo de Dios es el mejor día de la semana. Para nosotros, esas pocas horas tienen un valor estratégico e irreemplazable. Han de estar llenas de promesa, sorpresas y vida.

¿Por qué querría uno perderse todo eso?

Si necesita preparar sus domingos, creo que este capítulo podrá ayudarle. El mejor lugar para comenzar, según he descubierto, es liberarse de aquello que no da resultado. En mi caso, descubrí que necesitaba dejar atrás algunas actitudes dañinas, algunos malos hábitos, algunas viejas suposiciones (que en su mayoría tampoco daban resultados), y luego entrar en acción para cambiar mi modo de ir a la iglesia.

Si pone en práctica algunas de mis sugerencias, notará la diferencia enseguida. Se lo garantizo.

En Génesis vemos que Dios toma un día de la semana para renovarse con mucha seriedad. Nos lo dice en uno de los Diez Mandamientos. No obstante, si le preocupa que intente convencerle de que el domingo es el nuevo sábado para los cristianos, se equivoca. No creo que los cristianos estemos llamados a observar las leyes del Antiguo Testamento sobre guardar el sábado.

Aun así, creo que estamos perdiendo enormes bendiciones espirituales y personales cuando tomamos el domingo cómo cualquier otro día. Porque no es cualquier día. La iglesia primitiva lo llamaba «el día del Señor». Es un día para «recibir con gozo», como dijo Matthew Henry, «es un privilegio y un beneficio, no una obligación aburrida».

Creo que descubrirá que Dios tiene algo para usted que cambiará de forma radical su experiencia en la iglesia, porque los domingos nos llegan como uno de sus más dulces regalos.

El día de Dios

Ante todo debemos ver el domingo con ojos nuevos. Por supuesto, en un sentido es solo un día común: veinticuatro horas durante las cuales el sol sale y se pone. Sin embargo, cuando su corazón comienza a latir por la gloria de Dios y la de su pueblo, y comienza a sentir el anhelo de Dios por *visitarle*, el domingo cambia.

En realidad se vuelve extraordinario. Sagrado. Esencial.

Todos los días le pertenecen a Dios. Pero el domingo es el día del Señor, de manera especial. Es propiedad exclusiva de Jesús desde aquella primera Pascua en que Él dejó la tumba vacía. Piense en esto. Aquella mañana, por primera vez, Él había conquistado a la muerte. Había muerto en propiciación por nuestro pecado. Había abierto el camino para que podamos entrar en libertad en presencia del Padre. Y cada domingo desde entonces ha sido un aniversario de esa asombrosa mañana. El Salvador ha resucitado y todo ha cambiado.

Este Jesús crucificado y resucitado ha prometido estar presente de manera especial cuando su pueblo se reúna para adorarle. Dondequiera que los seguidores de Cristo se congreguen como iglesia, sea en una catedral o debajo de un árbol, glorificamos a Dios, crecemos en nuestra fe, y nos alentamos los unos a los otros. Y en cada minuto Jesús está a nuestro lado.

«Por eso jamás debemos dejar que nuestros domingos se conviertan en compromisos de rutina», escribe J. I. Parker. «Con esa actitud convertimos el domingo en una formalidad sin importancia. Cada domingo tiene como propósito ser un gran día, y debemos esperarlo con expectativa y en pleno conocimiento de esto».

Mi premisa en este capítulo es que es muy posible que usted y yo estemos perdiendo lo mejor de Dios para ese día a menos que aprendamos a construir nuestra semana alrededor del domingo, y no a la inversa. Por ejemplo, podríamos hacer un plan de lo que sucederá antes, durante y después de la reunión del domingo.

Le mostraré lo que quiero decir.

ANTES DE LA REUNIÓN

¿En realidad necesitamos prepararnos para el domingo? ¿Pensar en qué ropa nos pondremos y en cómo nos peinaremos? ¿Importa tanto esto? Prepararse para el domingo es más que vestirse con ropa limpia y mirarse al espejo antes de salir. Necesitamos preparar nuestros corazones.

En verdad esto tiene sentido. No podríamos esperar una rica experiencia espiritual el domingo si no estamos dispuestos a preparar nuestro corazón y nuestra mente. Piense en otras partes de la vida: antes de practicar deporte, hacemos un precalentamiento; antes de una presentación importante en el trabajo, repasamos nuestras notas. Antes de un examen, estudiamos. ¿Por qué supondríamos que podemos aparecernos en la iglesia el domingo sin preparación espiritual?

Prepararse para el domingo implica tomar decisiones espirituales y prácticas. En el aspecto práctico, un gran domingo comienza el sábado por la noche. Comienza cuando decidimos con cuidado qué haremos y qué no haremos la noche antes. Una de las mejores decisiones será la de ir a dormir temprano para levantarse descansado y listo para la mañana siguiente.

Además de dormir bien, pregúntese qué actividades le pondrán en un estado y actitud enfocados en Dios. ¿Qué es lo que le acercará al espíritu de oración y adoración? ¿Despertará fresco y con la Palabra de Dios en sus labios si se queda levantado hasta tarde el sábado por la noche para ver una película o navegar por la Internet? No es así en mi caso. Mi corazón se siente apesadumbrado, y es posible que entre en la iglesia reviviendo alguna tonta escena en mi mente.

El pastor John Piper cree que apagar el televisor puede ser una de las mejores maneras de preparar nuestro corazón para recibir la Palabra de Dios:

> Me deja atónito el pensar en la cantidad de cristianos que miran aquellos programas de televisión banales, vacíos, tontos, triviales, sugestivos y poco modestos que miran la mayoría de los no creyentes. Luego se preguntan por qué sus vidas espirituales son débiles y su experiencia en la adoración tan poco intensa y profunda. Si realmente quiere escuchar la Palabra de Dios de la manera en que Él quiere que se escuche: en verdad, gozo y poder, apague el televisor el sábado por la noche y lea algo

verdadero, grande, hermoso, puro, honorable, excelente y digno de alabanza (véase Filipenses 4:8). Entonces observe como su corazón comienza a sentir hambre de la Palabra de Dios.

Dios quiere que su Palabra sea oída «en verdad, gozo y poder». Sin embargo, esto requiere de una búsqueda de la santidad personal como propósito. Santiago 1:21 dice: «Por lo cual, desechando toda inmundicia y abundancia de malicia, recibid con mansedumbre la palabra implantada, la cual puede salvar vuestras almas».

Prepare su corazón

Le aliento a preparar su corazón para recibir la Palabra de Dios no solo evitando el entretenimiento mundano, sino buscando tiempo el sábado por la noche para leer la Palabra de Dios y orar. Esto le dará la oportunidad de buscar en su corazón todo pecado en contra de Dios o de los demás.

No es demasiado pedir, en realidad. Tome en cuenta que usted se está reuniendo con el pueblo de Dios para adorar al Santísimo. El Salmo 24:3-5 pregunta:

¿Quién subirá al monte de Jehová?
¿Y quién estará en su lugar santo?
El limpio de manos y puro de corazón;

El que no ha elevado su alma a cosas vanas,
Ni jurado con engaño.
Él recibirá bendición de Jehová,
Y justicia del Dios de salvación.

En verdad, podemos pararnos ante Dios solo porque Jesús murió por nuestros pecados tomando nuestro lugar. Y siempre podemos acercarnos a Dios porque Jesús es nuestro mediador (1 Timoteo 2:5). No obstante, en lugar de hacernos espiritualmente holgazanes, estas verdades debieran motivarnos a reconocer con humildad todo pecado conocido y a pedir a Dios que nos perdone. Reflexionar sobre nuestra necesidad del evangelio es una maravillosa preparación para la adoración del domingo. Nos ayuda a apartar la mente de nuestras preocupaciones diarias y prepara nuestro corazón para recibir humildemente la Palabra de Dios.

El domingo por la mañana despierte lo bastante temprano como para tener el tiempo de prepararse para la iglesia y pasar momentos sin presión ni apuro escuchando la Palabra de Dios y orando. El Salmo 19 es otro maravilloso pasaje sobre el cual podemos meditar antes de la reunión del domingo. Nos recuerda sobre la preciosidad de la Palabra de Dios y nuestra necesidad de su ayuda para mantener nuestros corazones libres de pecado y culpa ante Él:

El temor de Jehová es limpio, que permanece
para siempre;
Los juicios de Jehová son verdad, todos justos.
Deseables son más que el oro, y más que mucho
oro afinado;
Y dulces más que miel, y que la que destila del
panal.
Tu siervo es además amonestado con ellos;
En guardarlos hay grande galardón. ¿Quién
podrá entender sus propios errores?
Líbrame de los que me son ocultos.
Preserva también a tu siervo de las soberbias;
Que no se enseñoreen de mí;
Entonces seré íntegro, y estaré limpio de gran
rebelión.
Sean gratos los dichos de mi boca y la medita-
ción de mi corazón delante de ti,
Oh Jehová, roca mía, y redentor mío. (vv. 9-14)

Dedique el tiempo, entonces, para agradecer a Dios
por su Palabra y por su bondad al salvarle. Cuente las
muchas bendiciones en su vida.

También necesita ser implacable con respecto a las
demás intrusiones en su experiencia del domingo. Debo
confesar que soy casi adicto a las noticias. Sin embargo, los
domingos por la mañana el periódico, los sitios de

Internet y la radio en mi auto pueden convertirse en una enorme distracción, por lo cual los evito. Preocuparme por las últimas noticias del extranjero no me prepara para venir ante un Dios santo y trascendente.

¿Cuáles son sus distracciones del domingo por la mañana? Quizá sea trabajar en la casa o los videojuegos. Quizá sea la expectativa poco realista de lo que su familia puede lograr antes de que tengan que salir hacia la iglesia. Sea lo que fuere, enfréntelo, y ocúpese de eliminarlo. Haga lo que sea por proteger el «gran día» que tiene por delante y ayudar a su familia y amigos a llegar a la iglesia con corazones preparados, expectantes.

Durante la reunión

Cuando entre a la iglesia recuerde la importancia eterna de aquello a lo que está uniéndose. Se está reuniendo con el pueblo de Dios. Ha venido a adorar a Dios, y Él estará presente por medio de su Espíritu Santo.

Cuando comience la reunión recuerde que no ha venido para que lo entretengan. Usted no es parte del público, es parte de la congregación. Está aquí ante el Espectador Único. Lo que importa no es si usted tiene buena voz, o si le gusta la canción, o el estilo de la música. Ni siquiera importa lo que siente.

Adorar con canciones es una oportunidad de cantar la verdad y expresar alabanza y agradecimiento a Dios. No viva según lo que siente en este momento. En cambio, enfoque su mente en la verdad de lo que está cantando y en la Persona a quien le canta. Dios está observando y recibiendo su adoración. A la luz de lo maravilloso que es Él, entréguele todo su ser.

Cuide su manera de escuchar

El sermón es la parte más importante de la reunión del domingo. Y créame, no lo digo porque soy predicador y busco aprecio. La importancia del sermón no tiene nada que ver con la estatura o posición del pastor que está predicando, y sí tiene que ver con la autoridad y el poder de la Palabra de Dios.

Cuando se nos predica la Palabra de Dios, el Señor nos está hablando en sentido muy real. Como dice mi compañero pastor Jeff Purswell: «Cuando se predica la Palabra de Dios uno no está meramente recibiendo información acerca de Dios. Es Dios mismo quien nos habla a través de su Palabra».

Y por esto el modo en que escuchamos la predicación es tan importante. No debemos ser observadores pasivos. El modo en que escuchamos y aplicamos lo que oímos puede honrar o deshonrar a Dios. «Las congregaciones honran más a Dios cuando escuchan con reverencia su Palabra con el pleno propósito de adorarle y obedecerle al ver lo que Él ha hecho y está haciendo, y aquello que somos llamados a hacer», escribe J. I. Packer.

Me pregunto si alguna vez ha pensado en esto: *Escuchar el sermón es una forma de adoración.* Donald Whitney explica:

> De forma habitual pensamos en la adoración como algo que hacemos nosotros, y como la predicación la hace el predicador [y no nosotros], muchos pensamos que esto no es adoración. Sin embargo, escuchar el sermón es algo que hacemos nosotros, y es un acto de adoración cuando escuchamos con mente ávida y corazón dispuesto a responder. La razón por la que es un acto de adoración es porque usted está escuchando a Dios que habla [a través de su Palabra].

Y porque Dios está hablando, debemos darnos cuenta de nuestra responsabilidad al escuchar. Oír la verdad nos obliga a responder a ella. Jesús nos dijo: «Mirad, pues, cómo oís» (Lucas 8:18).

Para ser sincero, me llevó un tiempo darme cuenta de esto. En realidad, solía suponer que si un predicador no era divertido y no contaba buenas historias, yo no tenía obligación de comprometerme por completo. Esta suposición es cómoda y errada. La verdadera carga de responsabilidad el domingo por la mañana no está sobre el predicador sino sobre la *congregación* que debe escuchar. No me malentienda, no estoy justificando ni alentando los sermones aburridos. Los pastores deben esforzarse para que sus sermones sean fáciles de entender y capten la atención de la congregación. Pero en última instancia, sigue siendo responsabilidad de la gente oír un sermón con atención y aplicar la verdad que oyen.

Como me enseñó mi pastor C. J. Mahaney, tendré que rendir cuentas por lo que he oído a pesar de si me motivó emocionalmente o no. (Si usted es valiente le aliento a leer esa oración otra vez). La verdad de Dios es la verdad de Dios. No importa si se entrega con adornos o con ilustraciones atractivas. Si he oído la verdad de Dios, entonces estoy llamado a obedecerla. Punto.

Le aliento a expresar su compromiso de escuchar con atención trayendo su Biblia o lo que le permita registrar los puntos más importantes de un sermón. Puede hacer anotaciones. No hace falta saber taquigrafía ni tomar palabra por palabra. Piense en sus anotaciones como recordatorios que le ayudarán a salir de la iglesia con las ideas más importantes bien firmes en su mente.

Después de la reunión

Cuando termina la reunión del domingo tendrá oportunidad de expresar su adoración a Dios por medio del modo en que ame y aliente a los que le rodean. John Piper alienta a su iglesia a llegar «buscando a Dios y salir buscando a las personas».

Nuestra fe en Dios y nuestro amor por Él siempre se expresan en nuestro amor por los demás. Así que intente encontrar personas nuevas en su iglesia o que parezcan no conocer a nadie. Una nueva cristiana llamada Lynn me dejó una nota: «No creo que las personas que han crecido yendo a la iglesia sepan lo que se siente al entrar en un entorno nuevo y sentirse confortable», decía. Había visitado varias iglesias y siempre salía sintiéndose sola porque nadie se tomaba el tiempo de saludarla o llegar a conocerla.

A mi familia le gusta usar el domingo cada vez que podemos para invitar a la gente a nuestra casa. Es el día perfecto para la comunión con los demás, un tiempo en que podemos reflexionar juntos en lo que Dios dice en el mensaje.

¿Cómo debiera usted pasar el resto de su domingo? Creo que hay buenas razones para decir que el domingo entero es para buscar a Dios. Esto no significa que debemos adoptar parámetros rígidos sobre lo que podemos y no podemos hacer, sino que cada uno de nosotros debe considerar cómo puede aprovechar al máximo el potencial del domingo para nuestro alimento espiritual.

Hace poco, mi esposa y yo le leímos a nuestra hija algunos de los libros escritos por Laura Ingalls Wilder, sobre su infancia a fines del siglo diecinueve. Laura relata la experiencia de su padre, cuyos padres ponían en práctica de forma estricta el «descanso» del sábado. Lamentablemente para esta familia, esto significaba no jugar, no divertirse, no entretenerse. Tenían que sentarse vistiendo la incómoda ropa del domingo y leer historias de la Biblia durante todo el día. Para el padre de Laura el domingo durante su infancia, sin duda era el *peor* día de la semana.

¡Qué triste forma de honrar el día del Señor! El domingo debiera ser un día en que disfrutamos a pleno la gloria de Dios. Es una oportunidad para tomar un descanso de toda la actividad agitada de la semana y revigorizar nuestro espíritu. Es una forma de preparar nuestros corazones para los desafíos y tentaciones que enfrentaremos durante el resto de la semana venidera.

Así que no tenga tanto reglas como posibilidades. Haga que su familia y usted mismo se pregunten:

¿Cómo podríamos mi familia y yo invertir con gozo todo el día domingo de manera que verdaderamente celebre el amor y la presencia de Dios en nuestras vidas, ayudándonos a extender esta celebración durante el resto de la semana?

Los puritanos llamaban al día del Señor «día de mercado del alma». Esto significaba que el domingo era el día de almacenar la nutrición espiritual para el resto de la semana. Pregúntese qué puede hacer para «almacenar» de forma más efectiva. Porque no importa cómo pase usted el domingo, el lunes llegará siempre antes de lo esperado.

Haga lo que dice

Para muchos de nosotros las actividades semanales de la escuela y el trabajo, y el ritmo acelerado de la vida, parecen borrar lo que vivimos en la iglesia. Sin embargo, no tiene por qué ser así. El domingo debiera ser no solo algo que esperamos y anticipamos, sino también algo de donde tomar fuerzas a medida que pasa la semana. Para obtener el mayor beneficio de la adoración y el mensaje del domingo, le aliento a buscar y aplicar lo que aprendió durante la semana. Santiago 1:22-25 dice:

> Pero sed hacedores de la palabra, y no tan solamente oidores, engañándoos a vosotros mismos. Porque si alguno es oidor de la palabra pero no hacedor de ella, éste es semejante al hombre que considera en un espejo su rostro natural. Porque él se considera a sí mismo, y se va, y luego olvida cómo era. Mas el que mira atentamente en la perfecta ley, la de la libertad, y persevera en ella, no

siendo oidor olvidadizo, sino hacedor de la obra,
éste será bienaventurado en lo que hace.

No piense que basta con escuchar. Esto es un engaño,
como nos dice Santiago. Oír la verdad no nos cambia.
Tenemos que actuar. Un miembro de mi iglesia llamado
Dave pasa temprano cada lunes a la mañana por una cafe-
tería para repasar sus anotaciones del sermón y meditar en
cómo Dios quiere que él aplique lo que oyó. Quiere ser un
hacedor de la Palabra de Dios. Dave se toma muy en serio
el escuchar y el hacer.

¿Qué pasaría si no lo tuviera?

Una buena manera de apreciar más alguna cosa es tratar de
imaginar la vida sin ella. La mayoría de nosotros no nos
abatiríamos de inmediato si la reunión del domingo se
suprimiera. Seguiríamos leyendo nuestra Biblia. Seguiríamos escuchando nuestros CDs cristianos. Pero, ¿qué pasaría
si no pudiera reunirse a adorar a Dios en una iglesia local?
¿Qué pasaría si fuera el único cristiano a la vista?

¿Qué pasaría si se sintiera *en realidad* solo?

Cuando tenía catorce años, formé parte de un equipo
de gimnasia que viajó a Sapporo, Japón para una compe-
tencia. Como tengo ancestros japoneses y era la primera
vez que viajaba fuera del país, sentía gran entusiasmo.

Cada uno de nosotros se quedaría a pasar la noche con una familia japonesa. Sonaba excitante, pero yo era solo un niño. Era evidente que no estaba preparado para el impacto de una cultura diferente y la sensación de aislamiento que podemos sentir en un país que no es el nuestro.

Al terminar mi primer día separado de mis amigos, me sentí invadido por intensa soledad. Aunque estaba rodeado de gente, jamás me había sentido tan solo. No había nadie en la familia que pudiera entenderme, y yo no podía entender a nadie. Era solo un niño de Oregón y me sentía muy fuera de lugar.

Jamás olvidaré el momento en que llegué al gimnasio al día siguiente para reunirme con mis compañeros de equipo. Nunca había sentido tanto entusiasmo por ver a otras personas *iguales a mí*. Solo estar cerca de ellos era un consuelo. Me conocían. Me entendían. Eran parte de mi equipo. Vivíamos en el mismo lugar, en los Estados Unidos.

Creo que algo de lo que viví ese día en Japón debiera estar presente cada vez que entramos en la iglesia. A través del evangelio y la participación en la iglesia local los cristianos somos compañeros de equipo en el más profundo sentido de la palabra. Nuestro afecto y amor por el pueblo de Dios debiera ser palpable. Profundo. Y nuestra percepción de la necesidad que tenemos de estar con otros debiera llenarnos con un sobrecogedor sentido de gratitud por el privilegio de pasar los domingos juntos.

Por favor, no tome el domingo como algo que se da por sentado. Haga lo que sea por redescubrir la maravilla de todo esto. El próximo domingo, durante el servicio en la iglesia, mire a su alrededor y recuerde: *Estos son mis hermanos y hermanas en Cristo, comprados con su sangre. Somos su iglesia, su pueblo. Estamos aquí esta mañana para proclamar su obra en nuestras vidas. Estamos aquí para dar testimonio ante el mundo de su gran amor, poder y gloria.*

Cada domingo, Aquel que nos eligió y salvó de nuestro pecado extiende una invitación para que nos acerquemos a Él a través de la obra de su Hijo. Nos invita a recuperar la pasión del Salmo 122:1, que dice: «Yo me alegré con los que me decían: A la casa de Jehová iremos».

Este domingo, millones de cristianos en todo el mundo se reunirán al aire libre, en chozas de adobe, en teatros alquilados, en hogares, en escuelas primarias, en edificios que costaron millones de dólares. No obstante, el lugar de reunión importa poco. Lo que importa es Aquel a quien hemos venido a adorar y disfrutar. Lo que importa es que estaremos juntos, con Él, en su día.

Espero que usted también esté allí... con todo su corazón.

Capítulo 7

EL LUGAR MÁS
PRECIADO DE LA TIERRA

Es hora de decir sí

Sin duda, fueron los días más extraordinarios en la historia. Jesús había resucitado de entre los muertos. Pronto ascendería al cielo. Y durante ese período de tiempo, Jesús siguió presentándose ante sus discípulos para tranquilizarlos y prepararlos para su misión después de su partida.

Una mañana, junto al mar de Galilea, Jesús se apareció en medio de la niebla sobre la costa (recuerda la historia, relatada en la última página del evangelio de Juan). Había venido a ayudar a sus amigos a pescar. Había venido a servirles el desayuno. Pero también había venido por una razón mucho más importante.

Todavía tenía que hablar con Pedro.

Usted conoce a Pedro. Es el discípulo favorito de todos. El tipo con la mayor cantidad de equivocaciones y opiniones. El más valiente, el creyente con más coraje, el que... no se había comprometido del todo.

Y ahora Jesús había venido a mirarlo a los ojos.

Una conversación entre amigos

Creo que Pedro estaba más callado esa mañana. ¿No lo estaría usted también si, solo unos días antes, hubiera anunciado enojado *que no, que no y que no* era seguidor de Jesús?

Creo que Pedro esa mañana en la playa bajo la suave luz del amanecer se preguntaba qué vería cuando mirara a Jesús a los ojos, se preguntaba si algo —cualquier cosa que fuera— podría limpiar la mancha de su terrible negación.

Sin embargo, escuche la conversación que registra Juan...

«Simón, hijo de Jonás, ¿me amas más que éstos?», dijo Jesús, usando el nombre formal de Pedro.

Quizá Pedro le dio un vistazo a los demás discípulos. O quizá sintiera vergüenza. Después de todo, había hecho alarde una vez de su lealtad para luego mostrar que su resolución se derrumbaba por cobardía. En ese momento le respondió: «Sí, Señor; tú sabes que te amo».

«Apacienta mis corderos», le dijo Jesús.

Casi sin hacer una pausa el Señor volvió a decirle por segunda vez: «Simón, hijo de Jonás, ¿me amas?»

Otra vez Pedro le respondió: «Sí, Señor; tú sabes que te amo».

Jesús le dijo: «Pastorea mis ovejas».

Y luego por tercera y última vez le preguntó: «Simón, hijo de Jonás, ¿me amas?»

Juan registra que Pedro se entristeció de que le preguntara por tercera vez si lo amaba. ¿Se le habrán llenado los ojos de lágrimas? ¿Se exasperó este hombre que tenía sus emociones siempre tan cerca de la superficie? «Señor, tú lo sabes todo; tú sabes que te amo», le respondió. Jesús le dijo: «Apacienta mis ovejas».

¿No es bello el afecto y cuidado del Salvador en esta conversación entre amigos? Sin referencia alguna al pecado de Pedro, Jesús lo guió a través de los pasos de su arrepentimiento y lo restauró a su lugar junto a los demás discípulos. Para tres negaciones, tres suaves preguntas. Y para cada pregunta de Jesús, una sentida confesión de parte de Pedro.

Ahora Pedro estaba preparado para poner su amor en acción e ir tras su verdadero llamado... cuidar del rebaño de Dios.

Usted puede estar preparado también.

JESÚS TIENE ALGO PARA DECIRLE

¿Se reconoce a sí mismo en Pedro? Yo sí. Todas esas buenas intenciones, sin la acción correspondiente. Y reconozco cada momento en el que Jesús me asombra una vez más con su gracia.

Creo que muchos de nosotros, que coqueteamos con la iglesia, somos como Pedro. Realmente amamos a Jesús, pero nos cuesta poner ese amor en acción. No nos ayuda nuestro orgullo e independencia. La iglesia y todo lo que viene con ella se siente como una carga, como algo que nos hará andar más lento. Estamos seguros de que preferimos andar solos. Casi seguros, hasta que nos metemos en problemas. Entonces temblamos, esperando a Jesús, y nuestras esperanzas penden de un hilo.

Pero aquí está lo que quiero que vea: Jesús viene a nosotros en momentos como esos. Él sabe que le amamos, y quiere que nosotros lo sepamos también. Tiene algo para darnos, y sin ello no podemos vivir. Y tiene algo importante para decirnos acerca de nuestro futuro.

Si ama a Jesucristo, y no se ha comprometido con la iglesia, espero que haya oído a su Maestro acercarse a usted en las páginas de este libro. Espero que le haya oído hablar con suavidad como le habló a Pedro. Espero que haya recibido su perdón y gracia por sus malas actitudes hacia la iglesia. Espero que haya oído a su propio espíritu diciendo sí en cada página: «Sí, te amo, Señor. ¡Tú sabes que es así!».

De una cosa estoy seguro. Jesús no está aquí para condenar. En cambio, está pidiéndole que haga algo muy específico.

Y no es lo que usted *espera*, ¿verdad? Uno espera que Jesús diga: «¿Me amas de verdad?, entonces vive una vida cristiana sobresaliente», o «entonces ve a evangelizar el mundo», o «entonces debieras entrar en comunión conmigo en privado».

Sin embargo, Jesús le llama simplemente a amar a su iglesia. Porque sentir profundo interés por las cosas que a Jesús le interesan es su verdadero llamado.

¿Lo cree? ¿Está preparado para hacerlo? Amar lo que ama Jesús siempre es lo que más importa. Sea usted un apóstol impulsivo llamado Pedro, un hombre cauteloso llamado Jack, o un joven pastor llamado Josh.

UN CORAZÓN PARA LA IGLESIA

Estos meses que he pasado escribiendo *Deje de coquetear con la iglesia* me están guiando en mi transición para convertirme en el pastor principal de mi iglesia. Tendré que tomar el lugar de mi querido amigo y mentor en el ministerio, C. J. Mahaney.

¿Recuerdan aquellas cintas llamadas «Pasión por la iglesia» que transformaron mi visión de la iglesia por primera vez? El que predicaba esos mensajes era C. J. Mientras iba en mi auto escuchándolo no podía ni imaginar que casi un año más tarde estaría empacando para mudarme al otro extremo del país para vivir en su sótano y poder aprender de él cómo ser pastor.

C. J. ha servido en nuestra iglesia durante veintisiete años. Ahora está pasándome esa responsabilidad. Está en lo mejor de su vida y ministerio, y fácilmente podría continuar liderando nuestra iglesia durante años. Pero quiere darme la oportunidad de liderar mientras soy joven, y mientras él todavía está allí para aconsejarme y alentarme.

Cuando las personas que no me conocen se enteran de que soy pastor, me miran perplejos. «No pareces tener edad suficiente para ser pastor», dicen. Yo sonrío. Sé que suponen que debo ser el pastor de los jóvenes, y no les digo nada. Además, todavía me siento tonto diciendo que soy pastor «principal». No hay nada principal en mí. La gente pensaría que soy el pastor principal en una iglesia de niños preescolares.

Decir que me siento poco adecuado sería quedarme corto. Bromeo con las personas diciendo que lo que me falta en sabiduría lo compenso con mi falta de experiencia. La única razón por la que puedo asumir este papel es porque estoy rodeado de pastores mayores con más experiencia en mi equipo, hombres que han servido durante muchos años, que me apoyan y buscan ayudarme. Esto me hace sentir humilde, pero también me inspira con respecto a lo que la iglesia debe ser: no un lugar donde las personas luchan por el poder, sino un lugar donde las personas están dispuestas a desempeñar el papel que mejor sirva al propósito de Dios.

Y en medio de mi debilidad, también tengo fe y gozo ante la perspectiva de servir en mi iglesia. Amo a la gente de Covenant Life. Son unas de las personas más humildes y devotas que conozco. Y creo con sinceridad que nací para hacer esto. Es decir, que lo considero mi llamado en la vida. No tengo ambición ni deseo de ser ministro fuera de la iglesia Covenant Life de Gaithersburg, Maryland. Mi trabajo como escritor es algo secundario. La reciente decisión de dejar de viajar tanto y dar conferencias la tomé sin lamentarlo. Mi corazón está en mi iglesia. Hechos 20:28 dice que Jesús compró la iglesia con su propia sangre. ¿Cómo no iba yo a dar mi vida?

Eso es lo que hizo Pedro.

Y sabemos lo que sucedió después. Solo tenemos que leer la siguiente página de nuestra Biblia para descubrirlo.

Este es nuestro momento

La siguiente página de la Biblia —Hechos capítulo 1— es la primera página de la historia de la iglesia. Usted y yo trazamos nuestros ancestros espirituales hasta esa página. Allí Jesús encarga a sus seguidores que sean sus testigos hasta los confines de la tierra. Y luego regresa al cielo. Unos párrafos más tarde, el poderoso viento del Espíritu sopla en una reunión de ciento veinte creyentes expectantes... y nace la iglesia.

Pedro, por ejemplo, nunca vuelve a ser el mismo. ¿Quiere un perfil del compromiso hacia la iglesia de Cristo? Observe a Pedro y al resto de los discípulos cuando parten hacia el mundo desconocido para esparcir la noticia de la salvación en Cristo. Cada carta, cada oración hasta la última página del Nuevo Testamento, es una prueba de que Pedro y sus amigos *sí* eligieron amar más aquello que Jesús amaba, y sí cuidaron de sus ovejas.

Piense en la incalculable cantidad de hombres y mujeres desde entonces, no grandes líderes o maestros o pastores, sino creyentes comunes, que han vivido sus vidas para la gloria de Dios en las iglesias locales. ¿A cuantos conocemos por su nombre? Apenas a unos pocos. Y sin embargo, su fidelidad hacia el Salvador está conectada de forma directa al hecho de que dos mil años más tarde, usted y yo conocemos a Jesús. Si ellos no hubieran defendido el evangelio en su generación, nosotros no podríamos estar aquí haciendo lo mismo en la nuestra. Ellos vivieron según la Palabra de Dios; se reunían en comunión para dar testimonio del evangelio; proclamaban a Cristo crucificado con sus palabras y sus vidas.

A través de ellos, Dios salvó y discipuló a la persona que testificaba de las Buenas Nuevas con otra persona. A quien daba testimonio a otro, y a otro, y a otro, y así a través de generaciones hasta que llegamos a la persona que nos habló del evangelio de Jesucristo a usted y a mí.

Y aquí estamos.

Este es nuestro momento.

Hoy, *nosotros* somos la iglesia de Cristo (Él sigue eligiendo las cosas tontas del mundo para dar vergüenza al sabio, ¿verdad?).

Hoy, Jesús viene a nosotros con la misma pregunta. ¿Estamos dispuestos usted y yo a comprometernos a seguir transmitiendo el tesoro de su glorioso evangelio a través de su iglesia en esta generación?

Hermanos y hermanas míos, es hora de que digamos sí.

Charles Spurgeon se refirió una vez a la iglesia local como «el lugar más preciado de la tierra». En ese momento, cuando yo coqueteaba con iglesia, no había podido entender ese sentimiento.

Pero ahora sí puedo.

Notas

Capítulo 1

George Barna – George Barna, «Number of Unchurched Adults Has Nearly Doubled Since 2001», *The Barna Group*, 4 de mayo de 2004. http://www.barna.org/FlexPage.aspx?Page=BarnaUpdateNarrow&BarnaUpdateID=163 (acceso 1 de junio de 2004).

Paul David Tripp – Paul David Tripp, *Instruments in the Redeemer's Hands* (Phillipsburg, NJ: P & R Publishing, 2002), pp. 20-21.

Capítulo 2

La apertura de este capítulo acerca de mi boda es parte del último capítulo de mi libro *Él y ella* (Editorial Unilit, Miami, Fl, 2002).

Eric Lane – G. Eric Lane, *I want to be a Church Member* (Bryntirion, Wales: Evangelical Press of Wales, 1992), p. 21.

Richard Phillips – Richard D. Phillips, *The Church* (Phillipsburg, NJ: P&R Publishing, 2004), p. 27.

John Stott – John R. W. Stott, *The Message of Ephesians* (Downers Grove, IL: InterVarsity Press, 1986).

Capítulo 3

Chuck Colson – Chuck Colson y Ellen Vaughn, *Being the Body* (Nashville, TN: W Publishing Group, 2003), p. 271.

Charles Spurgeon – Charles Spurgeon, *Spurgeon at His Best*, comp. Tom Carter (Grand Rapids, MI: Baker, 1988), pp. 33-34.

Brian Habig y Les Newsom – Brian Habig y Les Newsom, *The Enduring Community* (Jackson, MS: Reformed University Press, 2001), pp. 173-174.

«New Life... new society» [Nueva vida... nueva sociedad] – Esta frase es tomada del libro de John Stott, *The Message of Ephesians* (Downers Grove, IL: InterVarsity Press, 1986).

Donald Whitney – Donald Whitney, *Spiritual Disciplines Within the Church* (Chicago, IL: Moody, 1996), pp. 81-82.

CAPÍTULO 4

John Stott – Stott, *The Message of Ephesians* comentario, p. 129.

John Loftness – John Loftness, *Why Small Groups?* (Gaithersburg, MD: Sovereign Grace Publishing, 1996), p. 21.

CAPÍTULO 5

Donald Whitney – Whitney, *Spiritual Disciplines Within the Church*, p. 66.

Charles Spurgeon – Charles Spurgeon, citado en ibíd., p. 67.

Menno Simons – Menno Simons, *The Complete Writings of Menno Simons*, ed. John C. Wenger (Scottdale, PA: Herald Press, 1946), p. 413.

CAPÍTULO 6

La idea para este capítulo me fue sugerida por C. J. Mahaney. Y recibí una gran influencia de mensajes que dieron tanto C. J. como Jeff Purswell sobre este tema.

Matthew Henry – Matthew Henry, citado en *A Quest for Godliness* por J. I Packer (Wheaton, IL: Crossway Books, 1990), p. 239.

Ibíd., p. 240.

John Piper – John Piper, de un sermón titulado «Take Care How You Listen! Part Two», del 22 de febrero de 1998. http://www.desiring-god.org/library/sermons/98/022298.html (acceso 21 de mayo de 2004).

J. I. Packer – J. I. Packer, citado en Donald Whitney, *Spiritual Disciplines within the Church,* p. 69, originalmente tomado de *The Preacher and Preaching.*

Donald Whitney – Whitney, *Spiritual Disciplines Within the Church,* p. 69.

John Piper – John Piper, de «Take Care How You Listen! Part Two», 22 de febrero 1998 (acceso 21 de mayo de 2004.)

LECTURAS RECOMENDADAS

El conocimiento del Dios Santo
J. I. Packer (Editorial Vida, Miami, Fl.). Un libro clásico que brinda una guía básica pero transformadora sobre lo que es ser cristiano.

Spiritual disciplines Within the Church
Donald S. Whitney (Chicago: Moody Publishers, 1996). Este libro le dará una guía profunda para su participación en la iglesia local.

9 Marks of a Healthy Church
Mark Dever (Wheaton, IL: Crossway Books, 1997). Muy recomendado para pastores y líderes. Un libro que le enseñará qué cualidades son más importantes en una iglesia local.

The Cross and Christian Ministry
D. A. Carson (Grand Rapids, MI: Baker Book House, 2004). Este libro corto define el ministerio cristiano a la luz de la obra de Cristo en la cruz. Indispensable para entender el enfoque, contenido y naturaleza de todo ministerio efectivo. Muy recomendado, en especial para los líderes.

La vida cruzcéntrica
C. J. Mahaney (Sisters, OR: Multnomah Publishers, 2002). Un libro que explica clara y sucintamente lo que significa centrar su vida en el evangelio.

Bible Doctrine
Wayne Grudem (Grand Rapids, MI: Zondervan, 1999). Una teología sistemática muy accesible que le ayudará a definir sus propias convicciones doctrinales.

Instruments in the Redeemer's Hands
Paul David Tripp (Phillipsburg, NJ: P&R, 2002). Este libro le equipará para entender cómo el Señor obra a través de las personas en la iglesia local para aplicar la Palabra de Dios y lograr cambios. Servirá a todo aquel que desee ser un consejero efectivo y experimentar un crecimiento personal en los caminos de Dios.

Evangelical Feminism and Biblical Truth
Wayne Grudem (Sisters, OR: Multnomah Publishers, 2004). Disponible desde finales del año 2004. Si está teniendo dificultades con los roles del hombre y la mujer en el matrimonio y la iglesia, este libro es una lectura esencial para pastores y laicos por igual.

Feminine Appeal
Carolyn Mahaney (Wheaton, IL: Crossway, 2003). Un excelente libro que ayuda a las mujeres a vivir las instrucciones de Tito 2.

AGRADECIMIENTOS

Mi especial agradecimiento...

A Don Jacobson, Kevin Marks y Doug Gabbert por su entusiasmo por este libro y por cuidarnos a mí y a mi familia.

A todos los hombres y mujeres que me enviaron sus historias por correo electrónico y hablaron con tanta sinceridad sobre sus experiencias con la iglesia.

A todos los pastores de Covenant Life, que me apoyaron mientras escribía. Gracias en especial a Grant y Kenneth, quienes cargan con las responsabilidades del liderazgo junto a mí. A los miembros de mi iglesia, que me sostuvieron con sus oraciones. No puedo creer que esté sirviéndoles como pastor.

A Jeff Purswell, Brian Chesemore y a mi padre, Gregg, por leer el libro y darme su opinión. A Mark Dever y su equipo de pastores, que me dieron aliento y críticas de aliento. A Justin Taylor por ayudarme a buscar las citas.

A David y Heather Kopp, que me ayudaron como editores. De ellos es el mensaje de este libro. Sin su ayuda a lo largo del proyecto no podríamos haberlo hecho. David me ayudó a trazar la idea general. Heather me guió en las revisiones. Luego David lo pulió como solo él puede hacerlo. Quiero agradecer en específico a David por proponer la historia de Pedro y Jesús en el último capítulo, y por rehacer mis intentos de lograr algo que valiera la pena. Este equipo de esposos es, en mi humilde opinión, el mejor equipo de editores del mundo. Y a Jennifer Gott, quien hizo la corrección final.

A C. J. Mahaney. Te dediqué este libro porque sin ti jamás habría dejado de coquetear con la iglesia. Gracias por amar al Salvador y a su iglesia. Gracias por darme un ejemplo a seguir. Y gracias por confiarme la iglesia que tanto amas.

A Joshua Quinn y Emma, por entrar en mi oficina cada mañana para interrumpirme y abrazarme. Llenan de gozo el corazón de su papá.

A *mi* novia Shannon. Ella creyó en este libro en esos días en que yo estaba por abandonar. Me alentó, me alegró y soportó con gozo el sacrificio de tener un marido que escribe. Shannon, eres un regalo que no merezco. Te amo mucho. Quiero amarte como Jesús ama a la Iglesia.

A mi maravilloso Salvador, Jesucristo, que no solo me rescató de la ira que merezco, sino que me dio el privilegio de servir como pastor. Mi oración es que este libro fortalezca y aliente a su Iglesia.

ACERCA DEL AUTOR

Joshua Harris comenzó escribiendo como editor de *New Attitude*, una revista cristiana para adolescentes que estudian en casa. Escribió su primer libro, *Le dije adiós a las citas amorosas*, a los veintiún años. En el mismo desafiaba a los adolescentes a disfrutar las oportunidades de la soltería y a esperar para adentrarse en el romance hasta estar listos para el compromiso. El sorprendente éxito de este libro le abrió nuevas oportunidades, incluyendo apariciones en los medios de difusión, una gira de conferencias populares, y la serie de videos en tres partes *I Kissed Dating Goodbye.*

En 1997, Joshua se mudó de Oregón a Gaithersburg, Maryland, para capacitarse para el ministerio pastoral de la Iglesia Covenant Life. Fue allí, cinco años después de dejar de coquetear con la iglesia, que Joshua conoció, cortejó y se casó con Shannon, su novia y esposa.

En su segundo libro, *Él y ella*, Joshua contó su historia de amor y las lecciones que Dios les enseñó. La siguiente parte, muy esperada, brindó guía práctica a las parejas sobre temas como la comunicación, el papel de la familia y los amigos en el noviazgo, enfrentar el pecado sexual del pasado, y preguntas que hay que formular antes del compromiso.

El tercer libro de Joshua, *Ni aun se nombre*, trata sobre los desafíos comunes de la tentación sexual. Escrito para mujeres y hombres por igual, provee un plan práctico centrado en la gracia para derrotar la lujuria y celebrar la pureza. La sinceridad y vulnerabilidad del libro le hizo acreedor de muchos nuevos lectores, en particular de quienes habían mostrado cierto escepticismo con respecto a los libros de Joshua sobre el noviazgo.

En el otoño de 2004, Joshua se hizo cargo de su posición como pastor principal en la Iglesia Covenant Life. Él y Shannon tienen dos niños, Emma y Joshua Quinn.

Para mayor información sobre el trabajo de Josh, sermones online e historias de lectores, visite su sitio web en:

www.joshharris.com
www.covlife.org.

Siéntase libre de contactar a Josh. Aunque no puede responder personalmente toda la correspondencia, le gustaría mucho oír su opinión.

Joshua Harris
P.O. Box 249
Gaithersburg, MD 20884-0249
jharris@covlife.org